하마랑 과학독해

4학년 1학기

다락원

하마랑 과학독해 4학년 1학기

지은이 김효숙, 위영화, 주윤주, 이제은, 신지선
펴낸이 정규도
펴낸곳 (주)다락원

초판 1쇄 발행 2025년 2월 20일

편집 이후춘, 전수민, 한채윤

디자인 최예원, 박정현
일러스트 홍선경

다락원 경기도 파주시 문발로 211
내용문의 : (02)736-2031 내선 291~296
구입문의 : (02)736-2031 내선 250~252
Fax : (02)732-2037
출판등록 1977년 9월 16일 제406-2008-000007호

ISBN 978-89-277-7479-2 74400
      978-89-277-7482-2 (세트)

머리말

아이들이 공부를 잘하려면 무엇이 필요할까요? 바로 '문해력'입니다. 문해력은 단순히 글을 읽는 것이 아니라, 글의 의미를 이해하고, 핵심을 정리하며, 생각의 폭을 넓혀 글로 표현할 수 있는 능력입니다.

자기 학년 수준의 교과서를 정확히 읽고 배우는 과정은 아이들의 학습 능력 발달에 매우 중요합니다. 이 능력을 초등학교 시절에 잘 키워두면, 앞으로 배우는 모든 공부에서 큰 자신감과 실력을 발휘할 수 있습니다.

〈하마랑 과학 독해〉는 아이들의 문해력을 키워 줄 아주 특별한 책입니다. 과학 교과서의 내용을 재미있고 알기 쉽게 풀어내어 과학의 세계를 탐험하고 새로운 지식을 배우는 데 도움을 줄 것입니다. 또한, 다양한 학습 활동과 문제들이 준비되어 있어 아이들이 글을 읽고 이해하는 능력을 차근차근 쌓을 수 있도록 도와줍니다.

이 책은 세 가지 단계를 통해 아이들의 문해력을 키워 줍니다.

1단계: 배경지식을 활용해 글의 내용을 예측하고, 필요한 어휘와 개념을 익힙니다.

2단계: 글의 중심 내용을 파악하고, 글의 구조를 이해하며 말로 설명할 수 있습니다.

3단계: 배운 내용을 실생활에 적용하고, 스스로 글을 써 보며 표현하는 힘을 기릅니다.

단계별 학습 과정을 완성하면 읽기 능력뿐만 아니라 생각하는 힘과 표현력까지 키울 수 있습니다.

아이들이 이 책과 함께 과학의 세계를 즐겁게 탐험하며, 새로운 지식을 발견하고, 독해력도 쑥쑥 자라길 기대합니다. 〈하마랑 과학 독해〉가 아이들의 멋진 탐험을 항상 응원할 것입니다.

저자 일동

이 책의 구성

1 생각 열기

1 글이 궁금해져요

글을 읽기 전에 내용을 예측하면 더 재미있고 흥미로워져요.

2 집중해서 읽게 돼요

예측한 내용을 확인하려고 집중해서 읽으면, 잘 이해하고 기억할 수 있어요.

3 내 생각이 쑥쑥 자라요

예측을 통해 내 생각을 말하고, 글을 읽으면서 그 생각이 맞는지 확인하면 생각하는 힘이 커져요.

학습방법

지시문을 읽고 알고 있는 지식을 바탕으로 답하거나, 자유롭게 상상해서 답해 보세요. 그 이유도 함께 생각해 보고 써 주세요.

1 추론 능력이 향상돼요

단어의 뜻을 짐작하는 과정에서 생각하는 힘이 좋아져요.

2 자신감이 높아져요

짐작한 의미가 맞으면 자신감이 생기고, 다음에 모르는 단어를 만났을 때 도전해 볼 수 있어요.

학습방법

① 글을 한 번 쭉 읽어 보기

↓

② 모르는 단어에 모두 네모 표시하기

↓

③ 모르는 단어 중 5개를 선택하기

↓

④ 앞뒤 문장을 읽고 문맥에서 단어의 의미를 짐작한 후, 오른쪽 메모 칸과 선으로 연결하고 써 보기

2 어휘 뜻 짐작하기

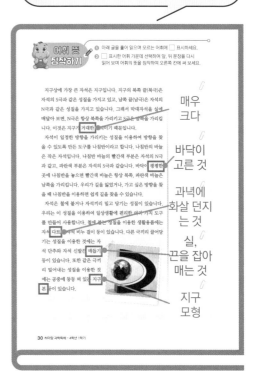

❸ 어휘력이 쑥쑥

❶ 글을 잘 이해해요

모르는 단어의 뜻을 알면 글의 내용을 잘 이해할 수 있어요.

❷ 새로운 단어를 배워요

새로운 단어를 찾아보면 내가 아는 어휘가 늘어나고, 다양한 표현을 사용할 수 있어요.

❸ 읽기 능력이 향상돼요

모르는 단어의 뜻을 찾고 이해하면 읽기 실력이 좋아져요.

학습 방법

① 말풍선에 짐작한 단어의 뜻을 부록의 '어휘 사전'에서 찾아보고 비교하기

↓

② 단어의 의미를 잘 이해한 후, 내 말로 그 뜻을 정리해서 써 보기

❹ 내용이 쑥쑥

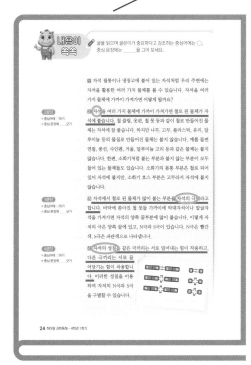

❶ 중심 내용을 생각하며 읽는 습관이 생겨요

글을 읽으면서 '이 글은 무엇에 대해 말하고 있지?'라고 생각하며 읽는 습관이 생겨요.

❷ 글의 핵심을 쉽게 파악해요

글의 중요한 부분을 간단하게 정리하면 쉽게 핵심을 찾고 이해할 수 있어요.

❸ 정보를 잘 기억해요

중요한 정보를 빠르게 찾고, 내용을 잘 기억할 수 있어요.

학습 방법

① 지문을 읽으면서 각 문단의 중심어와 중심 내용을 찾아보기

② 중심어에는 ○, 중심 문장에는 _____을 긋기

③ 중심 문장을 만들어야 할 경우, 먼저 중심어를 찾고 문단의 전체 내용을 포함하는 중심 문장을 만들기

[내용이 쑥쑥 독해 방법 1,2] 참조

5 그래픽 조직자

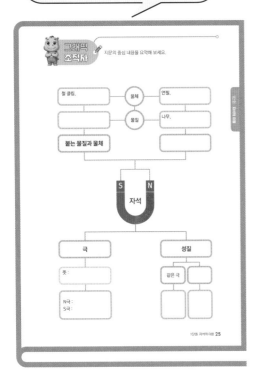

1 주요 정보 정리를 잘해요

배우는 내용을 정리하면 한눈에 보기 쉽고, 정보들끼리의 연관성을 쉽게 알 수 있어요.

2 이해와 기억이 잘 돼요

글로만 되어 있는 정보를 그림이나 도표를 사용하면 내용을 잘 이해하고 기억할 수 있어요.

학습방법

① 각 문단에 표시한 중심어, 중심 내용, 세부 내용을 도형, 표, 이미지 등을 사용해서 시각화해 보기
② 중요한 개념의 관계를 생각하며 정리하기
③ 그래픽 조직자를 그릴 때는 빈칸을 메우듯이 하지 말고, 왜 이렇게 구조를 만들었는지 이해하기
④ 그 다음에는 책의 그래픽 조직자를 보지 않고, 스스로 그래픽 조직자를 만들어서 그려 보는 연습하기

1 정확하게 이해할 수 있어요

내가 배운 내용을 다른 사람에게 설명하면 내가 아는 것과 모르는 것이 무엇인지 알 수 있어요.

2 기억이 잘 나요

소리 내서 말하면 기억이 더 잘 나고, 공부한 내용이 머리에 잘 남아요.

학습방법

[논리적으로 설명하는 단계별 연습]
말로 설명하기는 혼자서 책상 앞에 인형을 놓고 할 수도 있고, 친구들이나 부모님 앞에서 다양한 방법으로 해 보세요. 이때, 카메라로 설명하는 모습을 찍어 보는 것도 좋아요.
1단계 : 그래픽 조직자에 정리한 내용을 보고 차례대로 설명해 보기
2단계 : 중심어만 보고 나머지 내용은 빈칸 상태에서 기억하면서 말해 보기
3단계 : 전체 빈칸만 보면서 내용을 기억하고 설명해 보기

6 말하는 공부

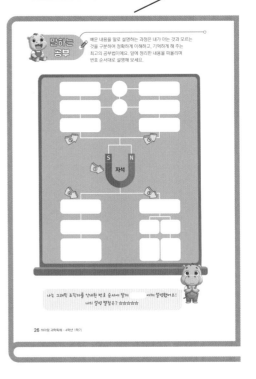

7 기억 꺼내기

1 복습으로 실력이 높아져요

다시 생각해 보면서 배운 내용을 잘 기억할 수 있어요.

2 공부가 재미있어요

배운 내용을 잘 기억하면 자신감이 생기고, 시험이나 발표 때 도움이 돼요.

3 문제 해결력이 좋아져요

배운 내용을 문제에 적용하며 해결할 수 있어요.

 학습 방법

학습한 내용을 떠올려 실제 상황에 적용하여 문제를 해결하며 기억하기

8 어휘 놀이터

1 재미있게 배워요

게임을 하면서 배우면 재미있고 흥미로워요.

2 기억하기 쉽게 익혀요

게임을 통해 단어를 자주 사용하면 잘 기억할 수 있어요.

3 어휘력이 향상돼요

반복을 많이 할수록 어휘력이 늘어요.

 학습 방법

다양한 어휘 게임을 통해 기억한 어휘를 반복적으로 떠올리며 어휘력을 기르기

1 메타인지가 좋아져요

배운 내용을 다시 생각하면서 내가 잘 이해했는지 확인할 수 있어요.

2 배운 내용을 복습해요

내용을 떠올려서 글로 쓰면 잘 기억할 수 있어요.

3 표현 능력이 풍부해져요

생각한 내용을 정리해서 쓰면 내 생각을 잘 표현할 수 있어요.

학습 방법

새롭게 배운 내용과 알고 있는 내용을 논리적인 글쓰기로 마무리하기

1 새로운 단어를 배울 수 있어요

단원마다 모르는 단어를 쉽게 찾아 익힐 수 있어요.

학습 방법

단원별로 모르는 단어를 찾아서 읽어 본 후, 이해한 내용을 내 표현으로 다시 정리하는 연습하기

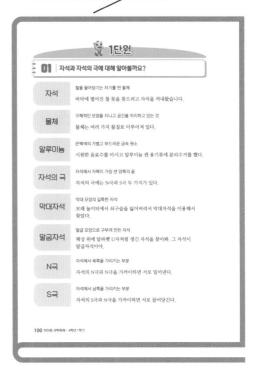

목차

기초
탄탄

내용이 쏙쏙 독해 방법

미션1 중심어를 찾아라!

미션2 중심 문장을 찾아라!

✏️ **미션1** 중심어를 찾아라!

중심어란? 글이나 문장에서 가장 중요한 대상이나 개념을 나타냅니다. 이 책에서는 **둘 이상의 낱말로 이루어진 '중심어구'도 '중심어'로 표현**했습니다.

중심어 찾는 방법! (중심어 : ○ 표시)

1 중심어는 글에서 가장 많이 나오는 낱말이에요.

연습 문제 1 이 글의 중심어는 무엇일까요?

> 눈물은 화가 나거나 슬플 때 기분이 나아지게 해 줘요. 화가 날 때는 나도 모르게 얼굴이 빨개지고 눈물이 나와요. 친한 친구와 헤어져야 할 때나 할머니가 돌아가셨을 때도 너무 슬퍼서 눈물이 나오지요. 이럴 때 눈물을 흘리고 나면 슬픈 기분이 한결 나아져요.

➡️ 가장 많이 반복되어 나오는 낱말은 □□입니다.

그러므로 이 글의 중심어는 '□□'입니다.

2 중심어는 '무엇이 어떠하다/어찌하다'에서 '무엇이'에 해당하는 낱말이에요.

중심어는 문장이나 문단에서 가장 중요한 대상을 나타냅니다. 이는 바로 '무엇이'에 해당합니다. '어떠하다/어찌하다'는 중심어에 대한 설명이나 상태를 나타냅니다. 즉, 중심어가 어떤 성질이나 상태를 나타내는지(어떠하다) 또는 어떻게 행동하는지(어찌하다)를 설명하는 부분입니다.

연습 문제 2 이 글의 중심어는 무엇일까요?

> 눈물은 눈을 보호해 줘요. 나쁜 세균이 눈에 들어오면 눈물이 흘러나와 세균을 내보내요. 먼지나 다른 물질이 눈에 들어와도 걸러내는 일을 하지요. 놀이터에서 놀다가 모래나 먼지가 눈에 들어가면 눈물이 재빨리 흘러나와 모래와 먼지를 밀어내요.

➡️ '무엇이 어떠하다'에서 '무엇이'는 □□이고,

'어떠하다'는 '눈을 보호해 줘요'이다. 그러므로 이 글의 중심어는 '□□'입니다.

정답 ❶ 눈물 ❷ 눈물

3 중심어는 두 개 이상의 낱말로 이루어질 수 있어요.

중심어는 하나의 낱말인 경우도 있지만, 두 개 이상의 낱말로 이루어진 경우도 있어요.

1) 중심어가 하나의 낱말로 이루어진 경우

연습 문제 1 이 글의 중심어는 무엇일까요?

> 조랑말은 오랫동안 사람을 도와주었어요. 농장이나 광산에서는 무거운 물건을 실어 날랐지요. 울퉁불퉁한 시골길에서는 사람을 태우고 다녔지요.

➡ 이 글은 인간을 오랫동안 도와준 □□□에 대한 내용입니다.

그러므로 중심어는 '□□□'입니다.

2) 중심어가 두 개 이상의 낱말로 이루어진 경우

연습 문제 2 이 글의 중심어는 무엇일까요?

> 조랑말의 무늬는 정말 다양해요. 머리에는 흰무늬, 별무늬, 줄무늬 등 여러 모양의 무늬가 있어요. 주둥이의 끝부분만 무늬가 다른 조랑말도 있지요. 다리에 하얀 털이 난 조랑말도 있는데, 마치 양말이나 긴 스타킹을 신은 모양이지요.

➡ 이 글은 □□□의 □□에 대한 내용입니다.

그러므로 중심어는 '□□□의 □□'입니다.

정답 **1** 조랑말 **2** 조랑말, 무늬

4 중심어는 '포함하는 말'로 표현할 수 있어요.

연습 문제 1 이 글의 중심어는 무엇일까요?

> 피자, 햄버거, 닭튀김, 라면, 냉동 감자튀김은 소금과 설탕이 많이 들어 있어 건강에 안 좋을 수 있어요. 이런 음식은 살이 찌거나 병이 생길 위험이 높아질 수 있답니다. 또, 필요한 영양소가 부족해져서 피곤해질 수도 있어요.

➡ 이 글은 '피자, 햄버거, 닭튀김, 라면, 냉동 감자튀김이 건강에 해롭다'는 내용입니다.

'무엇이 어떠하다'에서 **무엇은** '피자, 햄버거, 닭튀김, 라면, 냉동 감자튀김'입니다.

이 낱말들을 포함하는 말로 바꾸면 □□□□ □□입니다.

그러므로 중심어는 '□□□□ □□'입니다.

내용이 쏙쏙 독해 방법

✏️ **미션2 중심 문장을 찾아라!**

글을 읽고 중심 내용을 잘 찾는다는 것은 책을 잘 이해하며 읽는다는 뜻이에요.

◉ **중심 문장이란?**

글 전체의 내용을 포함하면서도 가장 중요하고 핵심이 되는 정보를 말합니다. 중심 문장은 글을 읽으면서 가장 핵심이 되는 중심어를 먼저 찾고 나머지 내용을 연결하여 요약 정리하는 과정을 거칩니다.

중심 내용 찾는 방법!

1 문장에서 중심 내용을 찾아요.

> ① '무엇이(누가) 어떠하다(어찌하다)' 또는 '무엇이(누가) 무엇을 어찌하다'를 찾아 밑줄 긋기
>
> ↓
>
> ② 꾸며주거나 반복되는 부분 지우기
>
> ↓
>
> ③ 의미가 통하게 중심 문장 만들기

연습 문제 1 아래 문장에서 중심 내용은 무엇일까요? 문장 ㉠에서 남기고 싶은 말에는 괄호에 'O', 덜 중요해서 지우고 싶은 것에는 'X' 표시하세요. 그리고 'O' 표시한 낱말로 중심 문장을 만들어 보세요.

> ㉠ 늑대의 후각은 인간의 후각보다 100배 더 발달했어요.
>
> ( )   ( )   ( )   ( )   ( ) ( )   ( )

➡ 이 문장의 중심 내용을 만들어 볼까요?

중심어는 '누가(무엇이)'이며 이 문장에서 중심어는 '□□의 □□'입니다.

중심 문장은 'X' 표시한 내용을 뺀 뒤 문장을 의미가 통하게 정리합니다.

그러므로 이 문장의 중심 내용은 '＿＿＿＿＿＿＿＿＿＿＿＿＿' 입니다.

2 문단에서 중심 내용을 찾아요.

[중심 문장이 잘 드러난 문단]

먼저, 문단의 중심 문장을 찾아요. 중심 문장은 글에서 가장 중요한 내용이에요. 그리고 그 중심 문장을 설명해 주는 뒷받침 문장이 있어요. 이렇게 중심 문장과 뒷받침 문장을 구분한 후, 중심 문장을 중심으로 내용을 간단히 정리해요.

여기서 잠깐!

중심 문장은 문단에서 여러 곳에 있을 수 있어요. 그래서 문단에 따라 중심 문장이 어디에 있는지 잘 살펴봐야 해요.

> · 대부분 문단의 첫 문장이 중심 문장일 수 있어요.
> · 문단의 마지막 문장이 중심 문장일 수도 있어요.
> · 문단의 첫 문장에서 중심 내용이 나오고, 마지막 문장에서 다시 강조되기도 해요.
> · 가끔은 중간에 중심 문장이 나오는 때도 있어요.

연습 문제 1 중심 문장과 뒷받침 문장을 구분하고 중심 문장을 찾아요.

> ❶ 늑대들은 우는 소리로 서로 소통해요. ❷ 한 마리가 낑낑거리거나, 으르렁거리거나, 길게 우는 소리를 내면 다른 늑대들도 소리를 내기 시작해요. ❸ 각자의 개성 있는 울음소리로 위치를 전달하고, 애정을 표현하기도 해요.

➡ 이 글에서 ❶ 문장은 중심 문장, ❷, ❸ 문장은 뒷받침 문장입니다.

그러므로 중심 문장은 '＿＿＿＿＿＿＿＿＿＿'입니다.

[중심 문장이 생략된 문단]

연습 문제 2 중심 문장을 만들어 보세요.

> 감기를 빨리 낫게 하려면 백혈구가 힘껏 싸워 이길 수 있도록 따뜻한 물을 계속 마시고, 잘 먹고 푹 쉬어야 해요. 그리고 바깥에 나갔다 돌아오면 손을 깨끗이 씻는 것도 잊지 마세요.

➡ 이 글에서는 감기를 빨리 낫기 위해 우리가 해야 하는 일들이 다양하게 나옵니다.
　그러므로 중심 문장은 '감기를 빨리 낫게 하는 다양한 □□이 있다.'로 만들 수 있습니다.

연습 문제 3 중심 문장을 만들어 보세요.

> ❶ 안내견은 시각 장애인이 안전하게 길을 가도록 도와줘요. 또, ❷ 개와 고양이는 사람들의 질병이나 상처받은 마음을 치유해 줘요. ❸ 농장에서 일하는 말이나 소들은 농사일을 도와주고, ❹ 경찰견은 범죄자를 잡는 데 큰 역할을 해요.

➡ 각 문장의 중심어인 '누가(무엇이)'에 해당하는 것은 '안내견', '치료 동물', '말과 소', '경찰견'이에요.
　이 낱말을 모두 포함하는 낱말은 □□입니다.
　또, '어찌하다(어떠하다)'에 해당하는 내용은 '안전하게 길을 가도록 도와줘요', '위로하고 기분을 좋게 해 줘요', '농사일을 도와주고', '범죄자를 잡는 데 큰 역할'입니다.
　이것들을 모두 포괄하는 하나의 문장으로 만들면 '＿＿＿＿＿＿＿＿＿＿＿＿'입니다.

> 중심 문장이 생략된 경우에는 포괄하는 하나의 문장으로 만들 수도 있고,
> '제목 붙이기'를 통해 간단하게 표현할 수도 있습니다.

정답 ❶ 우리에게 도움을 주는 여러 가지 동물이 있다. ❷ 방법 ❸ 동물 / 동물은 사람에게 도움을 준다.

1 단원

자석의 이용

01 자석과 자석의 극에 대해 알아볼까요?

02 자석의 쓰임에 대해 알아볼까요?

자석과 자석의 극에 대해 알아볼까요?

학습 완료 체크

학습이 끝난 코너는 ✔ 체크해 보세요.

- ☐ 생각 열기
- ☐ 어휘 뜻 짐작하기
- ☐ 어휘력이 쑥쑥
- ☐ 내용이 쏙쏙
- ☐ 그래픽 조직자
- ☐ 말하는 공부
- ☐ 기억 꺼내기

자석의 성질과 극에 대해
하롱이와 함께
신나게 공부해 보자~

생각 열기

팥쥐 엄마는 콩 속에 쇠구슬을 섞어 놓은 뒤 해가 지기 전까지 콩쥐에게 콩만 골라 놓으라고 했어요. 현명한 콩쥐는 콩을 어떻게 골랐을까요?

콩쥐는 곰곰이 생각해 본 후 서랍 속에서 물건 하나를 꺼내 왔습니다. 그리고 그 물건으로 "이까짓 거 문제없어!" 하면서 콩을 고르기 시작했습니다.

① 아래 글을 훑어 읽으며 모르는 어휘에 ☐ 표시하세요.

② ☐ 표시한 어휘 가운데 선택하여 앞, 뒤 문장을 다시 읽어 보며 어휘의 뜻을 짐작하여 오른쪽 칸에 써 보세요.

자석 필통이나 냉장고에 붙어 있는 자석처럼 우리 주변에는 자석을 활용한 여러 가지 물체를 볼 수 있습니다. 자석을 여러 가지 물체에 가까이 가져가면 어떻게 될까요?

자석을 여러 가지 물체에 가까이 가져가면 철로 된 물체가 자석에 붙습니다. 철 클립, 옷핀, 철 못 등과 같이 철로 만들어진 물체는 자석에 잘 붙습니다. 하지만 나무, 고무, 플라스틱, 유리, 알루미늄 등의 물질로 만들어진 물체는 붙지 않습니다. 예를 들면 연필, 풍선, 사인펜, 거울, 알루미늄 고리 등과 같은 물체는 붙지 않습니다. 한편, 소화기처럼 붙는 부분과 붙지 않는 부분이 모두 들어 있는 물체들도 있습니다. 소화기의 몸통 부분은 철로 되어 있어 자석에 붙지만, 소화기 호스 부분은 고무라서 자석에 붙지 않습니다.

자석에서 철로 된 물체가 많이 붙는 부분을 자석의 극이라고 합니다. 바닥에 쏟아진 철 못들 가까이에 막대자석이나 말굽자석을 가져가면 자석의 양쪽 끝부분에 많이 붙습니다. 이렇게 자석의 극은 양쪽 끝에 있고, N극과 S극이 있습니다. N극은 빨간색, S극은 파란색으로 나타냅니다.

자석의 성질은 같은 극끼리는 서로 밀어내는 힘이 작용하고, 다른 극끼리는 서로 끌어당기는 힘이 작용합니다. 이러한 성질을 이용하여 자석의 N극과 S극을 구별할 수 있습니다.

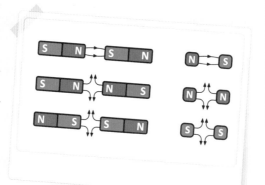

① ☐ 표시한 어휘 중 정확한 뜻을 알고 싶은 어휘를 골라 아래에 쓰세요.

② 어휘 사전에서 어휘의 뜻을 찾아 이해한 뒤, 뜻을 **내 말로 정리**해 보세요.

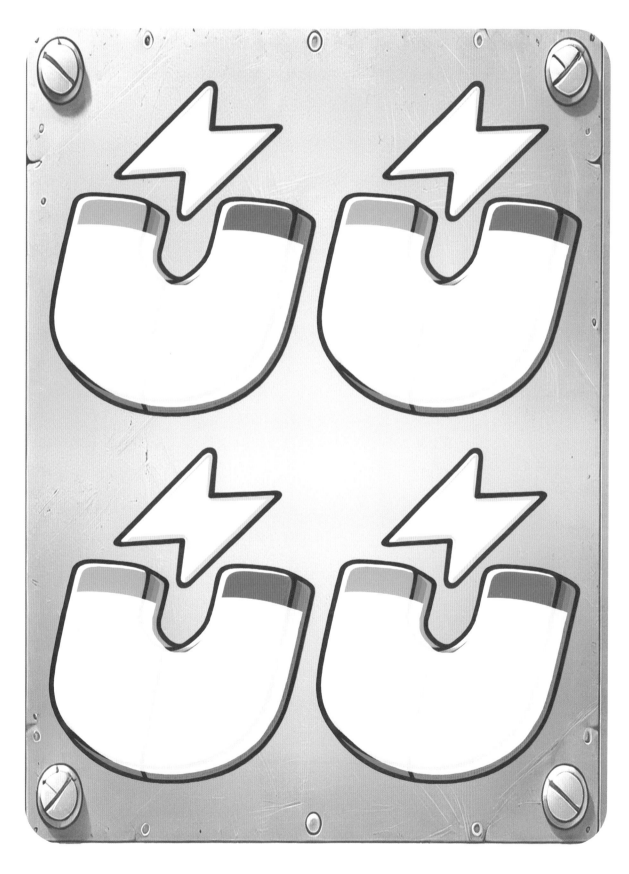

 글을 읽으며 글쓴이가 중요하다고 강조하는 중심어에는 ◯, 중심 문장에는 _____을 그어 보세요.

1 자석 필통이나 냉장고에 붙어 있는 자석처럼 우리 주변에는 자석을 활용한 여러 가지 물체를 볼 수 있습니다. 자석을 여러 가지 물체에 가까이 가져가면 어떻게 될까요?

2문단
◦ 중심어에 ◯하기
◦ 중심 문장에 ___긋기

2 자석을 여러 가지 물체에 가까이 가져가면 철로 된 물체가 자석에 붙습니다. 철 클립, 옷핀, 철 못 등과 같이 철로 만들어진 물체는 자석에 잘 붙습니다. 하지만 나무, 고무, 플라스틱, 유리, 알루미늄 등의 물질로 만들어진 물체는 붙지 않습니다. 예를 들면 연필, 풍선, 사인펜, 거울, 알루미늄 고리 등과 같은 물체는 붙지 않습니다. 한편, 소화기처럼 붙는 부분과 붙지 않는 부분이 모두 들어 있는 물체들도 있습니다. 소화기의 몸통 부분은 철로 되어 있어 자석에 붙지만, 소화기 호스 부분은 고무라서 자석에 붙지 않습니다.

3문단
◦ 중심어에 ◯하기
◦ 중심 문장에 ___긋기

3 자석에서 철로 된 물체가 많이 붙는 부분을 자석의 극이라고 합니다. 바닥에 쏟아진 철 못들 가까이에 막대자석이나 말굽자석을 가져가면 자석의 양쪽 끝부분에 많이 붙습니다. 이렇게 자석의 극은 양쪽 끝에 있고, N극과 S극이 있습니다. N극은 빨간색, S극은 파란색으로 나타냅니다.

4문단
◦ 중심어에 ◯하기
◦ 중심 문장에 ___긋기

4 자석의 성질은 같은 극끼리는 서로 밀어내는 힘이 작용하고, 다른 극끼리는 서로 끌어당기는 힘이 작용합니다. 이러한 성질을 이용하여 자석의 N극과 S극을 구별할 수 있습니다.

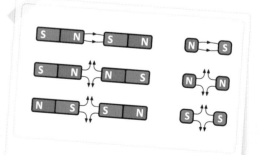

그래픽 조직자

지문의 중심 내용을 요약해 보세요.

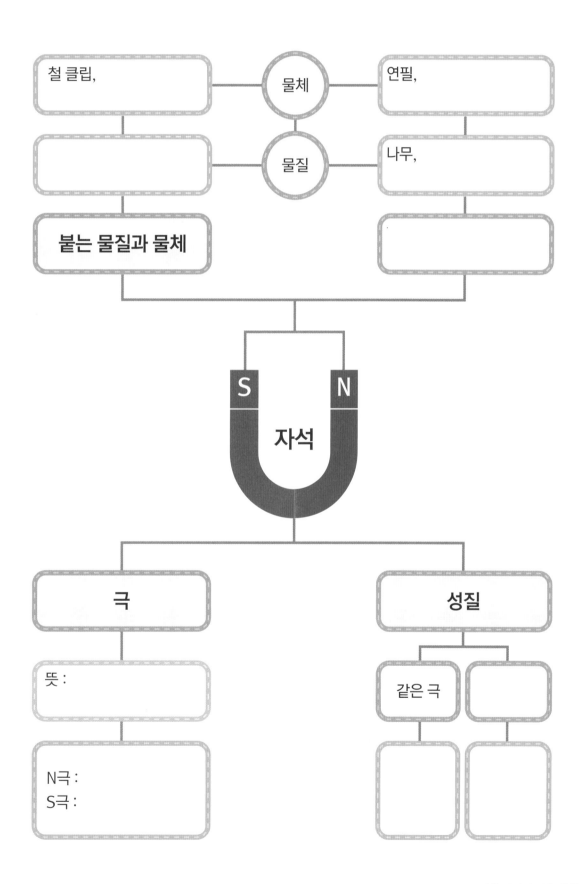

철 클립,

물체

연필,

물질

나무,

붙는 물질과 물체

S N
자석

극

뜻 :

N극 :
S극 :

성질

같은 극

1단원 자석의 이용

1단원 자석의 이용

배운 내용을 말로 설명하는 과정은 내가 아는 것과 모르는 것을 구분하여 정확하게 이해하고, 기억하게 해 주는 최고의 공부법이에요. 앞에 정리한 내용을 떠올리며 번호 순서대로 설명해 보세요.

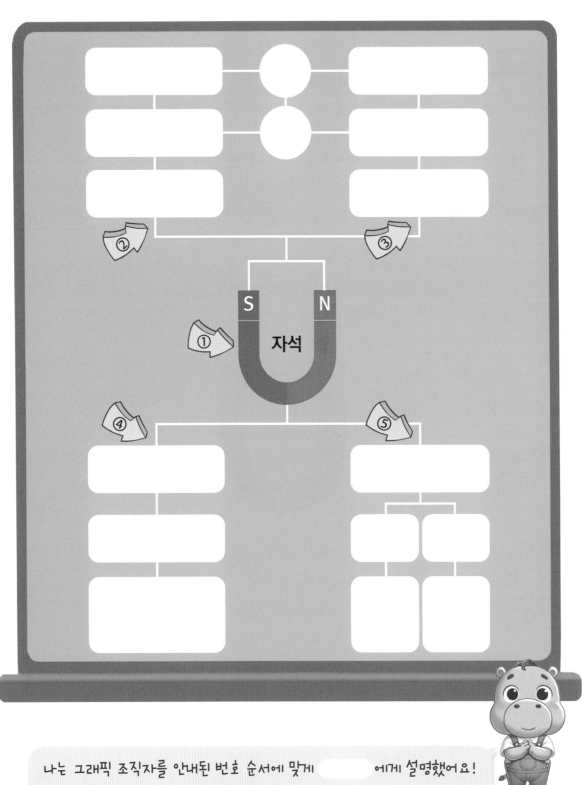

자석

나는 그래픽 조직자를 안내된 번호 순서에 맞게   에게 설명했어요!
나의 설명 별점은? ☆☆☆☆☆

기억
꺼내기

한 아이가 징검다리를 건너가려고 합니다. 자석에 붙는 물체가 있는 징검돌만 밟고 건너갈 수 있도록 선을 연결해 보세요.

알루미늄 캔

연필

철 못

풍선

사인펜

철 클립

옷핀

철 용수철

나사

지우개

거울

가위

알루미늄 고리

02 자석의 쓰임에 대해 알아볼까요?

학습 목표

생활 속에서 자석의 성질이 어떻게 활용되는지 이해한다.

학습 완료 체크

학습이 끝난 코너는 ✔ 체크해 보세요.

- ☐ 생각 열기
- ☐ 어휘 뜻 짐작하기
- ☐ 어휘력이 쑥쑥
- ☐ 내용이 쏙쏙
- ☐ 그래픽 조직자
- ☐ 말하는 공부
- ☐ 기억 꺼내기

자석의 쓰임에 대해
하롱이와 함께
신나게 공부해 보자~

철새 무리가 머나먼 길을 떠나려나 봐요. 길을 잃을까 봐 걱정하는 새끼 철새에게 아빠 철새가 철새의 비밀을 이야기해 주었어요. 아빠 철새의 말을 잘 들어보고 네모 칸에 알맞은 말을 써넣어 보세요.

자석은 N극, S극 두 개의 극을 갖고 있습니다. 지구도 자석이기 때문에 북쪽은 S극, 남쪽은 N극의 성질을 띱니다. 자석은 같은 극끼리는 밀어내고, 다른 극끼리는 끌어당기는 성질을 갖고 있기 때문에 지구의 북쪽은 자석의 N극을, 지구의 남쪽은 자석의 S극을 끌어당기고 있답니다.

어휘 뜻 짐작하기

① 아래 글을 훑어 읽으며 모르는 어휘에 ☐ 표시하세요.
② ☐ 표시한 어휘 가운데 선택하여 앞, 뒤 문장을 다시 읽어 보며 어휘의 뜻을 짐작하여 오른쪽 칸에 써 보세요.

지구상에 가장 큰 자석은 지구입니다. 지구의 북쪽 끝(북극)은 자석의 S극과 같은 성질을 가지고 있고, 남쪽 끝(남극)은 자석의 N극과 같은 성질을 가지고 있습니다. 그래서 막대자석을 실에 매달아 보면, N극은 항상 북쪽을 가리키고 S극은 남쪽을 가리킵니다. 이것은 지구가 거대한 자석이기 때문입니다.

자석이 일정한 방향을 가리키는 성질을 이용하여 방향을 찾을 수 있도록 만든 도구를 나침반이라고 합니다. 나침반의 바늘은 작은 자석입니다. 나침반 바늘의 빨간색 부분은 자석의 N극과 같고, 파란색 부분은 자석의 S극과 같습니다. 바닥이 평평한 곳에 나침반을 놓으면 빨간색 바늘은 항상 북쪽, 파란색 바늘은 남쪽을 가리킵니다. 우리가 길을 잃었거나, 가고 싶은 방향을 찾을 때 나침반을 이용하면 쉽게 길을 찾을 수 있습니다.

자석은 철에 붙거나 자석끼리 밀고 당기는 성질이 있습니다. 우리는 이 성질을 이용하여 일상생활에 편리한 여러 가지 도구를 만들어 사용합니다. 철에 붙는 성질을 이용한 생활용품에는 자석 다트와 자석 비누 걸이 등이 있습니다. 다른 극끼리 끌어당기는 성질을 이용한 것에는 자석 단추와 자석 신발끈 매듭기 등이 있습니다. 또한 같은 극끼리 밀어내는 성질을 이용한 것에는 공중에 둥둥 떠 있는 지구본 등이 있습니다.

어휘력이 쑥쑥

1. □ 표시한 어휘 중 정확한 뜻을 알고 싶은 어휘를 골라 아래에 쓰세요.

2. 어휘 사전에서 어휘의 뜻을 찾아 이해한 뒤, 뜻을 **내 말로 정리**해 보세요.

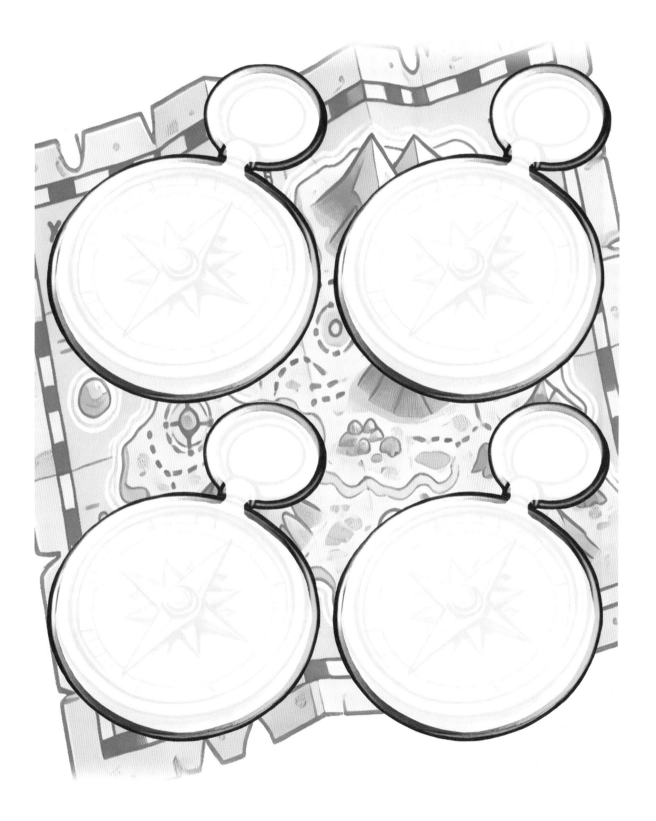

1단원 자석의 이용

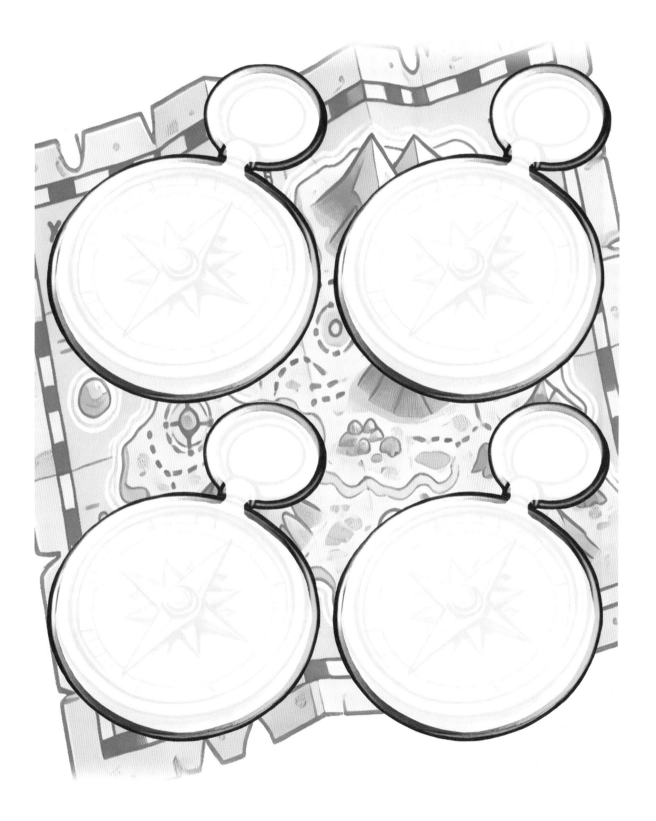

1단원 자석의 이용 **31**

1문단

○ 중심어에 ○하기
○ 중심 문장에 ___ 긋기

1 지구상에 가장 큰 자석은 지구입니다. 지구의 북쪽 끝(북극)은 자석의 S극과 같은 성질을 가지고 있고, 남쪽 끝(남극)은 자석의 N극과 같은 성질을 가지고 있습니다. 그래서 막대자석을 실에 매달아 보면, N극은 항상 북쪽을 가리키고 S극은 남쪽을 가리킵니다. 이것은 지구가 거대한 자석이기 때문입니다.

2문단

○ 중심어에 ○하기
○ 중심 문장에 ___ 긋기

2 자석이 일정한 방향을 가리키는 성질을 이용하여 방향을 찾을 수 있도록 만든 도구를 나침반이라고 합니다. 나침반의 바늘은 작은 자석입니다. 나침반 바늘의 빨간색 부분은 자석의 N극과 같고, 파란색 부분은 자석의 S극과 같습니다. 바닥이 평평한 곳에 나침반을 놓으면 빨간색 바늘은 항상 북쪽, 파란색 바늘은 남쪽을 가리킵니다. 우리가 길을 잃었거나, 가고 싶은 방향을 찾을 때 나침반을 이용하면 쉽게 길을 찾을 수 있습니다.

3문단

○ 중심어에 ○하기
○ 중심 문장에 ___ 긋기

3 자석은 철에 붙거나 자석끼리 밀고 당기는 성질이 있습니다. 우리는 이 성질을 이용하여 일상생활에 편리한 여러 가지 도구를 만들어 사용합니다. 철에 붙는 성질을 이용한 생활용품에는 자석 다트와 자석 비누 걸이 등이 있습니다. 다른 극끼리 끌어당기는 성질을 이용한 것에는 자석 단추와 자석 신발끈 매듭기 등이 있습니다. 또한 같은 극끼리 밀어내는 성질을 이용한 것에는 공중에 둥둥 떠 있는 지구본 등이 있습니다.

지문의 중심 내용을 요약해 보세요.

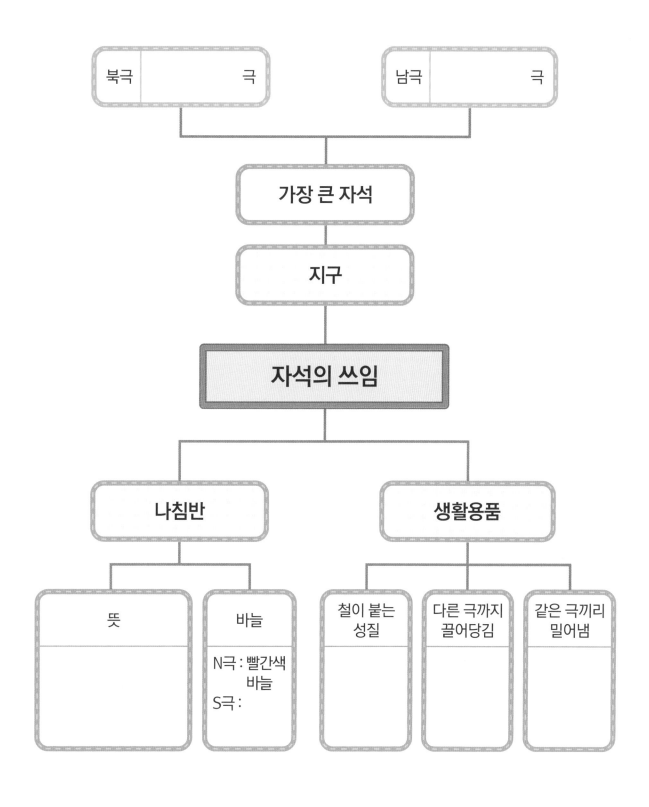

말하는 공부

배운 내용을 말로 설명하는 과정은 내가 아는 것과 모르는 것을 구분하여 정확하게 이해하고, 기억하게 해 주는 최고의 공부법이에요. 앞에 정리한 내용을 떠올리며 번호 순서대로 설명해 보세요.

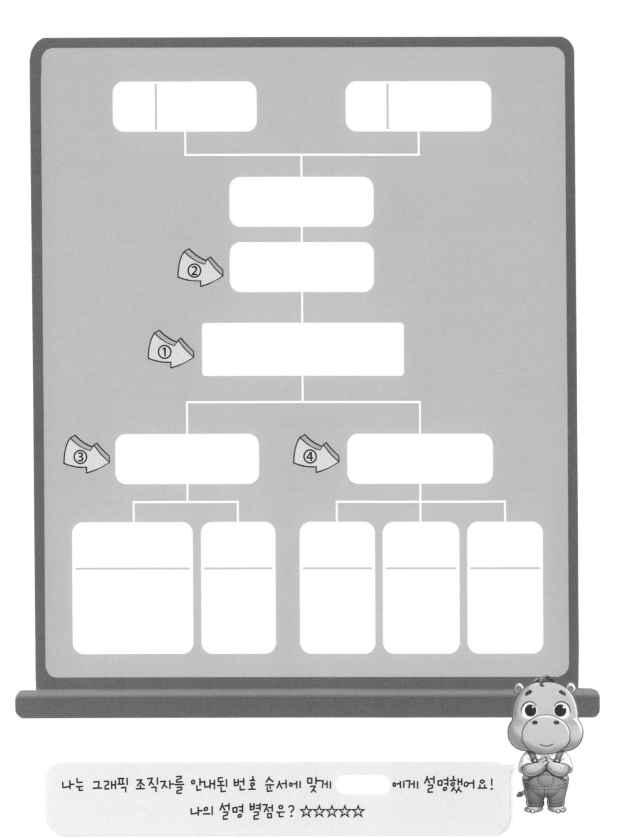

나는 그래픽 조직자를 안내된 번호 순서에 맞게 _____ 에게 설명했어요!
나의 설명 별점은? ☆☆☆☆☆

 **기억 꺼내기**

큰일났어요! 마녀가 헨젤과 그레텔을 쫓아오고 있어요. 헨젤과 그레텔은 북쪽에 있는 집을 찾아가야 해요. 헨젤의 바구니 속에 들어 있는 물건 중 무엇을 이용하면 집을 찾아갈 수 있을까요? 친구들이 헨젤과 그레텔에게 방법을 알려 주세요.

헨젤과 그레텔, 북쪽이 어디인지 알 수 있으려면 _____

_____

_____

_____

어휘 놀이터

방을 탈출하려면 6개의 열쇠가 필요합니다. 각 열쇠가 설명하는 초성 힌트를 보고 맞히면 열쇠를 가질 수 있어요. 6개의 열쇠를 획득해서 어지럽혀진 방에서 탈출해 보세요.

🗝️ 철을 끌어당기는 성질을 가진 물체

🗝️ 금속 중 하나로, 쇠와 같은 말
例 자석은 ○을 끌어당기는 물체이다.

🗝️ 자석의 양쪽 끝 또는 철을 세게 끌어당기는 부분을 자석의 ○이라고 한다.

🗝️ 자석의 빨간 부분으로 북쪽을 가리킨다.

🗝️ 자석의 파란 부분으로 남쪽을 가리킨다.

🗝️ 자석이 일정한 방향을 가리키는 성질을 이용하여 방향을 찾을 수 있도록 만든 도구

오늘은 하마튜브 촬영 날이에요. 과학 지식을 알려 주는 크리에이터가 되어 구독자 친구들에게 자석의 비밀을 알려 주려고 합니다. 자석에 대해 신기하고 흥미로웠던 내용을 방송 대본으로 써 보세요.

안녕하세요! 여러분~ 저는 크리에이터 ＿＿＿＿＿＿ 입니다. 오늘은 '자석의 숨겨진 비밀 3가지'에 대해 여러분에게 알려 주려고 해요. 자석은 ＿＿＿＿＿＿＿＿＿＿

＿＿

＿＿

＿＿

＿＿

＿＿

＿＿＿＿＿＿＿＿＿＿＿＿＿＿＿ 재미있는 내용이었다면 '구독'과 '좋아요' 눌러 주세요!

2 단원

물의
상태 변화

01 물의 상태 변화를 관찰해 볼까요?

01 물의 상태 변화를 관찰해 볼까요?

학습 목표

물이 세 가지 상태로 변할 수 있음을 알고 이해할 수 있어요.

학습 완료 체크

학습이 끝난 코너는 ✔ 체크해 보세요.

- ☐ 생각 열기
- ☐ 어휘 뜻 짐작하기
- ☐ 어휘력이 쑥쑥
- ☐ 내용이 쏙쏙
- ☐ 그래픽 조직자
- ☐ 말하는 공부
- ☐ 기억 꺼내기

물의 상태 변화를
하롱이와 함께
신나게 공부해 보자~

더운 여름날 밖에서 들어온 하롱이는 아주 시원한 물을 마시고 싶었어요. 그래서 유리 물병에 물을 가득 채워 냉동실에 잠깐만 넣었다 마시기로 했어요. 그런데 그만 깜빡 잊어버렸지 뭐예요. 한밤중에 '펑' 하는 소리에 놀라 주방에 가 보니 냉동실에 넣어 둔 유리 물병이 터지면서 깨져 있었어요. 왜 유리병이 터지면서 깨졌을까요?

물병이 터진 이유는 _____

_____

_____

_____ 때문이야.

① 아래 글을 훑어 읽으며 모르는 어휘에 ☐ 표시하세요.

② ☐ 표시한 어휘 가운데 선택하여 앞, 뒤 문장을 다시 읽어 보며 어휘의 뜻을 짐작하여 오른쪽 칸에 써 보세요.

우리가 마시는 물은 고체, 액체, 기체의 세 가지 상태로 존재합니다. 추운 겨울날 호수에 얼어붙은 얼음은 물의 고체 상태이며, 우리가 마시는 물은 액체 상태입니다. 기체 상태의 수증기는 보이지 않지만, 공기 중에 퍼져 있습니다. 이처럼 물은 서로 다른 상태로 변할 수 있는데, 이를 물의 상태 변화라고 합니다.

물은 얼거나 녹더라도 무게는 변하지 않지만, 부피는 변합니다. 물이 얼면 부피가 늘어나기 때문에, 얼음 틀에 물을 가득 채워 얼리면 얼음이 볼록하게 튀어나오는 것을 볼 수 있습니다. 이는 물이 얼면서 부피가 늘어났기 때문입니다. 반대로 얼음이 녹으면 부피는 줄어듭니다.

물은 증발과 끓음을 통해 기체 상태인 수증기로 변할 수 있습니다. 젖은 빨래가 마르는 것은 빨래에 있는 물이 수증기로 변하여 날아갔기 때문입니다. 이처럼 물이 표면에서 천천히 수증기로 변하는 현상을 증발이라고 합니다. 라면을 끓일 때 물속에서 기포가 생겨 물 위로 올라오는데, 이 기포는 물이 수증기로 변한 것입니다. 이와 같이 물 표면과 물속에서 물이 수증기로 빠르게 변하는 현상을 끓음이라 합니다.

수증기는 응결을 통해 액체 상태의 물로 변할 수 있습니다. 예를 들면 차가운 컵 표면에 물방울이 맺히는 것은 공기 중의 수증기가 차가운 컵의 표면에 닿아 식으면서 물로 변한 것입니다.

우리는 일상생활에서 다양한 방식으로 물의 상태 변화를 활용합니다. 겨울에는 물을 미세한 물방울로 만들어 인공 눈을 만들며, 물이 부족한 지역에서는 공기 중의 수증기를 물로 변환하는 장치를 이용해 식수를 확보하기도 합니다.

어휘력이 쑥쑥

❶ ☐ 표시한 어휘 중 정확한 뜻을 알고 싶은 어휘를 골라 아래에 쓰세요.

❷ 어휘 사전에서 어휘의 뜻을 찾아 이해한 뒤, 뜻을 **내 말로 정리**해 보세요.

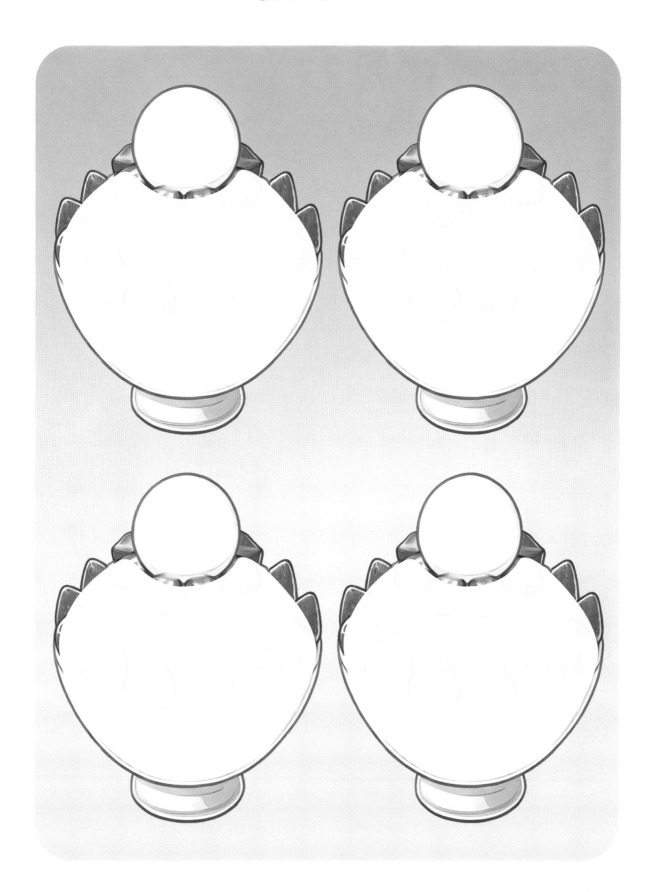

글을 읽으며 글쓴이가 중요하다고 강조하는 중심어에는 ○,
중심 문장에는 _____을 그어 보세요.

1문단
○ 중심어에 ○하기
○ 중심 문장에 ____ 긋기

1 우리가 마시는 물은 고체, 액체, 기체의 세 가지 상태로 존재합니다. 추운 겨울날 호수에 얼어붙은 얼음은 물의 고체 상태이며, 우리가 마시는 물은 액체 상태입니다. 기체 상태의 수증기는 보이지 않지만, 공기 중에 퍼져 있습니다. 이처럼 물은 서로 다른 상태로 변할 수 있는데, 이를 물의 상태 변화라고 합니다.

2문단
○ 중심어에 ○하기
○ 중심 문장에 ____ 긋기

2 물은 얼거나 녹더라도 무게는 변하지 않지만, 부피는 변합니다. 물이 얼면 부피가 늘어나기 때문에, 얼음 틀에 물을 가득 채워 얼리면 얼음이 볼록하게 튀어나오는 것을 볼 수 있습니다. 이는 물이 얼면서 부피가 늘어났기 때문입니다. 반대로 얼음이 녹으면 부피는 줄어듭니다.

3문단
○ 중심어에 ○하기
○ 중심 문장에 ____ 긋기

3 물은 증발과 끓음을 통해 기체 상태인 수증기로 변할 수 있습니다. 젖은 빨래가 마르는 것은 빨래에 있는 물이 수증기로 변하여 날아갔기 때문입니다. 이처럼 물이 표면에서 천천히 수증기로 변하는 현상을 증발이라고 합니다. 라면을 끓일 때 물속에서 기포가 생겨 물 위로 올라오는데, 이 기포는 물이 수증기로 변한 것입니다. 이와 같이 물 표면과 물속에서 물이 수증기로 빠르게 변하는 현상을 끓음이라 합니다.

4문단
○ 중심어에 ○하기
○ 중심 문장에 ____ 긋기

4 수증기는 응결을 통해 액체 상태의 물로 변할 수 있습니다. 예를 들면 차가운 컵 표면에 물방울이 맺히는 것은 공기 중의 수증기가 차가운 컵의 표면에 닿아 식으면서 물로 변한 것입니다.

5문단
○ 중심어에 ○하기
○ 중심 문장에 ____ 긋기

5 우리는 일상생활에서 다양한 방식으로 물의 상태 변화를 활용합니다. 겨울에는 물을 미세한 물방울로 만들어 인공 눈을 만들며, 물이 부족한 지역에서는 공기 중의 수증기를 물로 변환하는 장치를 이용해 식수를 확보하기도 합니다.

✎ 지문의 중심 내용을 요약해 보세요.

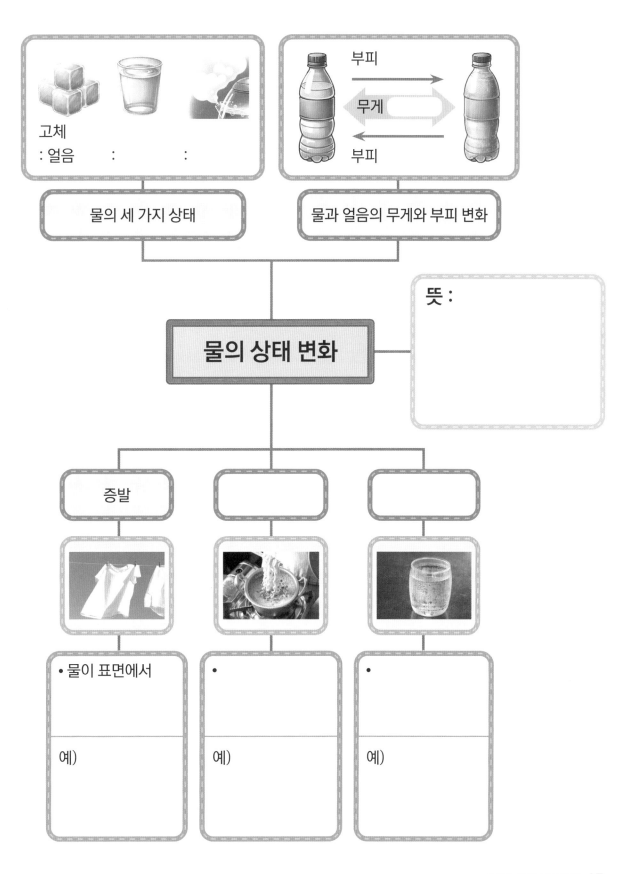

고체
: 얼음   :   :

부피
무게
부피

물의 세 가지 상태

물과 얼음의 무게와 부피 변화

물의 상태 변화

뜻 :

증발

• 물이 표면에서

예)

•

예)

•

예)

말하는 공부

배운 내용을 말로 설명하는 과정은 내가 아는 것과 모르는 것을 구분하여 정확하게 이해하고, 기억하게 해 주는 최고의 공부법이에요. 앞에 정리한 내용을 떠올리며 번호 순서대로 설명해 보세요.

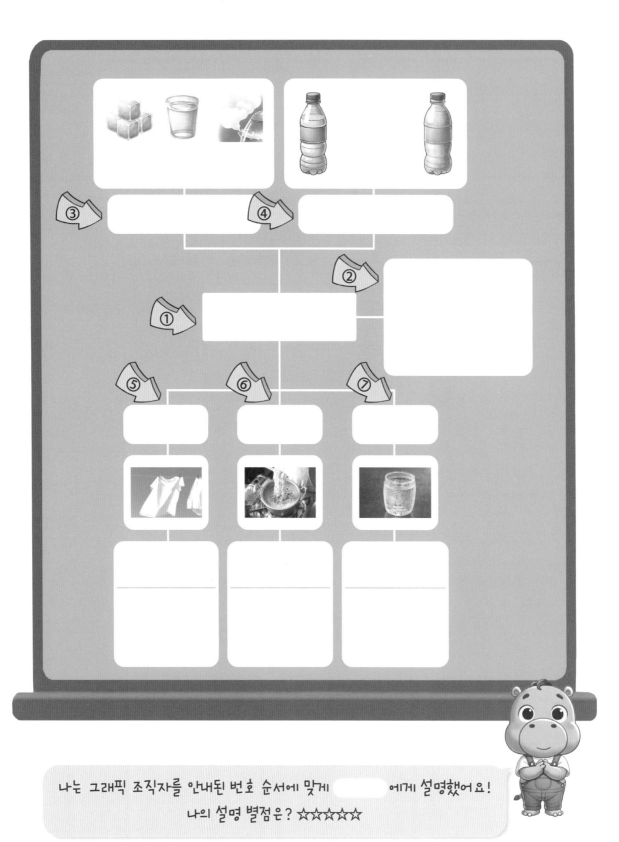

기억 꺼내기

'물의 상태 변화'를 배운 뒤, 짝꿍 찾기 게임을 진행합니다.
알맞은 내용과 사진을 줄로 연결해 주세요.

안경알이 뿌옇게 됨

증발

물이 표면에서 천천히 수증기로 변한다.

주전자에 물 끓이기

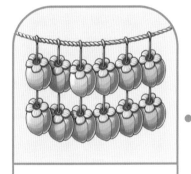

곶감 말리기

끓음

물 표면과 속에서 물이 수증기로 변한다.

욕실 천장에 물방울이 맺힘

국 끓이기

응결

공기 중의 수증기가 식으면서 물로 변한다.

물컵의 물이 줄어듦

어휘 놀이터

과학 시간에 물의 상태 변화를 배운 뒤, 모둠별로 어휘 게임을
했어요. 하롱이 모둠에서는 하롱이가 모둠원들의 이마에 붙인
머리띠에 적힌 어휘를 보고, 각자에게 설명해 주며 힌트를
주는 게임을 진행했어요. 친구들이 정확히 맞힐 수 있도록
잘 설명해 보세요.

바다에서 건져 올린 명태가 이제 변신을 시작합니다.
명태의 변화를 '물의 상태 변화'에서 배운 내용을 활용해
하미의 질문에 답해 보세요.

내가 갓 잡혔을 때는 생태야.

생태를 완전히 얼리면 동태가 돼.

생태를 반쯤 말리면 코다리가 되지.

안녕? 난 명태야~

새끼 때는 노가리야.

바짝 말리면 북어가 돼.

추운 겨울에 얼렸다 녹였다를 반복하면 황태가 된단다.

어? 오빠, 명태를 냉동실에 넣어 봤더니 커졌어. 냉동실에서 살이 쪘나 봐.

아, 그건 살이 찐 게 아니라

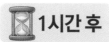 1시간 후

어? 냉동실에서 나온 동태 주변에 왜 이렇게 물이 많이 생겼어?
슬퍼서 울었나 봐.

아, 하미야. 그건

 며칠 후

명태가 바싹 말랐어. 그동안 굶어서 살이 빠졌나 봐.

아, 살이 빠진 게 아니라

3 단원

땅의 변화

01 흐르는 물의 작용과 강 주변 지형의
특징을 관련지어 볼까요?

02 화산 활동으로 만들어지는 물질과
우리에게 미치는 영향을 알아볼까요?

03 지진이 발생하는 원인과 대처하는
방법은 무엇일까요?

01 흐르는 물의 작용과 강 주변 지형의 특징을 관련지어 볼까요?

학습 목표

흐르는 물이 주변의 지형을 어떻게 변화시키는지
이해할 수 있어요.

학습 완료 체크

학습이 끝난 코너는 ✔ 체크해 보세요.

- ☐ 생각 열기
- ☐ 어휘 뜻 짐작하기
- ☐ 어휘력이 쑥쑥
- ☐ 내용이 쏙쏙
- ☐ 그래픽 조직자
- ☐ 말하는 공부
- ☐ 기억 꺼내기

흐르는 물의 작용과
지형의 특징을 하롱이와
함께 신나게 공부해 보자~

하롱 탐정에게 보석산 상류 마을, 중류 마을, 하류 마을 주민들로 부터 이상한 사건이 접수되었어요. 하롱 탐정은 세 마을을 돌아다니며 사건의 범인과 원인을 찾아냈어요. 과연 무엇일지 상상해 보세요.

탐정님, 우리 마을 보석산이 특히 여름만 되면 점점 보석들이 깎아져 줄어들고 있어요. 누가 훔쳐가는지 찾아 주세요.

탐정님, 우리 마을 계곡에 보석이 둥둥 떠내려가고 있어요. 이게 무슨 일인지 알아봐 주세요.

탐정님, 우리 마을에 누가 갖다 놓는지 자꾸 보석들이 쌓이네요. 누구 짓인지 알아봐 주세요.

하롱 탐정은 며칠 동안 보석산을 살펴보다 드디어 범인을 찾아냈어요.

그 범인은 바로 사람이 아니라 _____ 이었어요.

그리고 이런 일이 일어난 까닭은 _____

_____

어휘 뜻
짐작하기

❶ 아래 글을 훑어 읽으며 모르는 어휘에 ☐ 표시하세요.
❷ ☐ 표시한 어휘 가운데 선택하여 앞, 뒤 문장을 다시
읽어 보며 어휘의 뜻을 짐작하여 오른쪽 칸에 써 보세요.

물은 땅의 모습을 끊임없이 바꾸는 자연의 조각가입니다. 흐르는 물은 바위나 돌을 깎아 내어 작은 돌멩이나 흙으로 만드는 침식 작용을 하고, 그것들을 낮은 곳으로 옮기는 운반 작용을 합니다. 또한 운반된 돌이나 흙을 쌓아 새로운 지형을 만들어 내는 퇴적 작용도 합니다. 다시 말해 물은 침식, 운반, 퇴적 작용으로 땅의 모습을 끊임없이 변화시킵니다.

강의 상류는 강폭이 좁고 경사가 가팔라서 물이 아주 빠르게 흐릅니다. 빠르게 흐르는 물은 자갈이나 큰 돌을 깎아 내는 침식 작용을 합니다. 이 침식 작용으로 폭포나 계곡과 같은 멋진 지형이 만들어집니다.

강 중류에서는 강 상류의 침식 작용으로 만들어진 작은 돌이나 흙 등이 흐르는 강물을 따라 이동합니다. 즉, 돌과 흙이 하류로 옮겨지는 운반 작용이 일어납니다.

강 하류로 갈수록 강폭은 넓어지고 경사가 완만해지면서 물 흐름이 느려집니다. 이때 강의 하류에서는 강의 상류와 중류에서 운반된 흙과 모래가 쌓이는 퇴적 작용이 일어납니다. 이러한 퇴적 작용 덕분에 강 하류에는 넓고 평평한 땅과 모래사장이 형성됩니다.

이처럼 강 주변의 지형은 흐르는 강물의 침식 작용, 운반 작용, 퇴적 작용으로 오랜 시간에 걸쳐 그 모습이 서서히 변해갑니다. 물의 끊임없는 움직임은 우리 주변의 자연환경에 놀라운 변화를 만들어 냅니다.

어휘력이 쑥쑥

1 ☐ 표시한 어휘 중 정확한 뜻을 알고 싶은 어휘를 골라 아래에 쓰세요.

2 어휘 사전에서 어휘의 뜻을 찾아 이해한 뒤, 뜻을 **내 말로 정리**해 보세요.

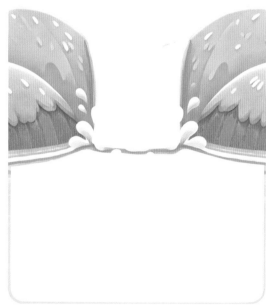

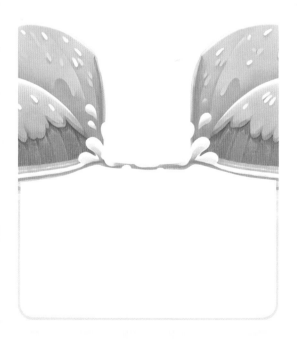

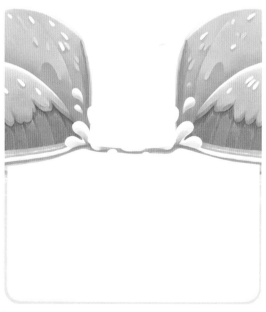

1문단
○ 중심어에 ◯하기
○ 중심 문장에 ＿＿긋기

1 물은 땅의 모습을 끊임없이 바꾸는 자연의 조각가입니다. 흐르는 물은 바위나 돌을 깎아 내어 작은 돌멩이나 흙으로 만드는 침식 작용을 하고, 그것들을 낮은 곳으로 옮기는 운반 작용을 합니다. 또한 운반된 돌이나 흙을 쌓아 새로운 지형을 만들어 내는 퇴적 작용도 합니다. 다시 말해 물은 침식, 운반, 퇴적 작용으로 땅의 모습을 끊임없이 변화시킵니다.

2문단
○ 강 상류
［　　　　］작용

2 강의 상류는 강폭이 좁고 경사가 가팔라서 물이 아주 빠르게 흐릅니다. 빠르게 흐르는 물은 자갈이나 큰 돌을 깎아 내는 침식 작용을 합니다. 이 침식 작용으로 폭포나 계곡과 같은 멋진 지형이 만들어집니다.

3문단
○ 강 중류
［　　　　］작용

3 강 중류에서는 강 상류의 침식 작용으로 만들어진 작은 돌이나 흙 등이 흐르는 강물을 따라 이동합니다. 즉, 돌과 흙이 하류로 옮겨지는 운반 작용이 일어납니다.

4문단
○ 강 하류
［　　　　］작용

4 강 하류로 갈수록 강폭은 넓어지고 경사가 완만해지면서 물 흐름이 느려집니다. 이때 강의 하류에서는 강의 상류와 중류에서 운반된 흙과 모래가 쌓이는 퇴적 작용이 일어납니다. 이러한 퇴적 작용 덕분에 강 하류에는 넓고 평평한 땅과 모래사장이 형성됩니다.

5문단
○ 중심어에 ◯하기
○ 중심 문장에 ＿＿긋기

5 이처럼 강 주변의 지형은 흐르는 강물의 침식 작용, 운반 작용, 퇴적 작용으로 오랜 시간에 걸쳐 그 모습이 서서히 변해갑니다. 물의 끊임없는 움직임은 우리 주변의 자연 환경에 놀라운 변화를 만들어 냅니다.

그래픽
조직자

지문의 중심 내용을 요약해 보세요.

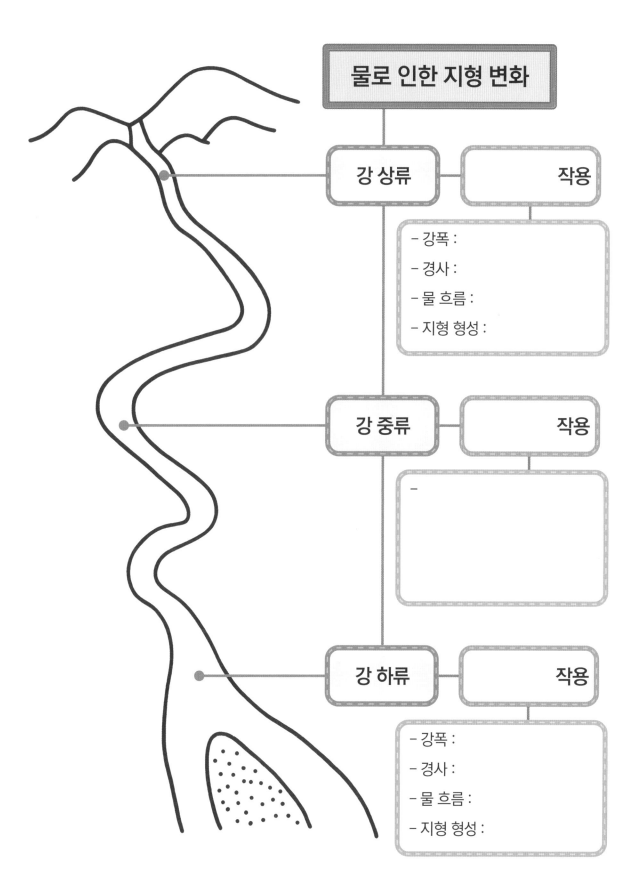

물로 인한 지형 변화

강 상류 ─ 작용

- 강폭 :
- 경사 :
- 물 흐름 :
- 지형 형성 :

강 중류 ─ 작용

-

강 하류 ─ 작용

- 강폭 :
- 경사 :
- 물 흐름 :
- 지형 형성 :

말하는 공부

배운 내용을 말로 설명하는 과정은 내가 아는 것과 모르는 것을 구분하여 정확하게 이해하고 기억하게 해 주는 최고의 공부법이에요. 앞에 정리한 내용을 떠올리며 번호 순서대로 설명해 보세요.

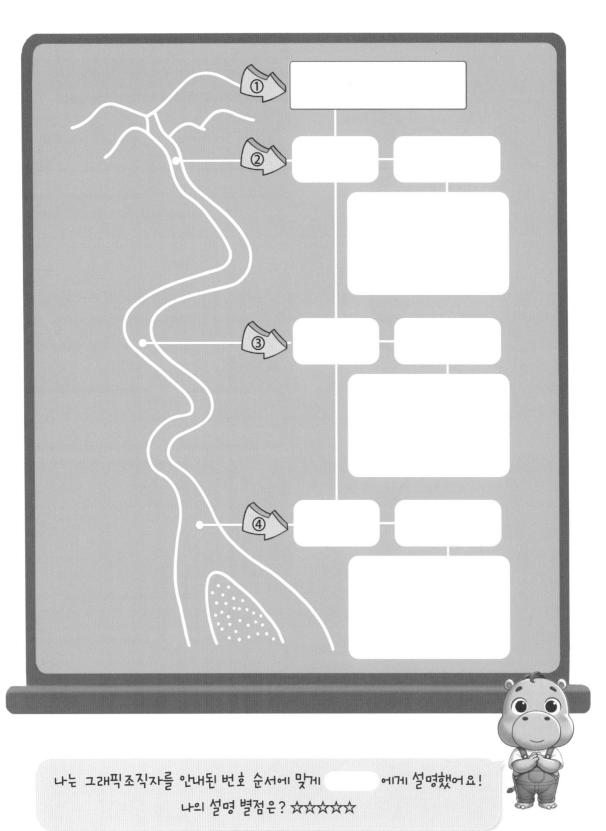

나는 그래픽 조직자를 안내된 번호 순서에 맞게 　　　　에게 설명했어요!
나의 설명 별점은? ☆☆☆☆☆

기억
꺼내기

두 작가는 강의 모습을 그리기 위해 직접 강으로 나갔습니다. 그러나 그림을 모두 그린 후, 작품을 옮기는 과정에서 그림들이 섞여 버렸습니다. 속상해하는 작가들을 위해 친구들이 강 상류와 하류의 그림을 숫자로 구분해 주세요. 또한, 강 상류와 하류의 특징을 고려해 작품을 분류한 이유도 제시어를 참고하여 함께 작성해 주세요.

•작품 번호 ☐ ☐ ☐

[강폭, 경사, 물 흐름, 침식 작용]

상류 작가

•작품 번호 ☐ ☐ ☐

[강폭, 경사, 물 흐름, 퇴적 작용]

하류 작가

02 화산 활동으로 만들어지는 물질과 우리에게 미치는 영향을 알아볼까요?

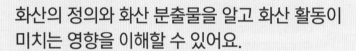

학습 목표

화산의 정의와 화산 분출물을 알고 화산 활동이
미치는 영향을 이해할 수 있어요.

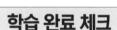

학습 완료 체크

학습이 끝난 코너는 ✔ 체크해 보세요.

- ☐ 생각 열기
- ☐ 어휘 뜻 짐작하기
- ☐ 어휘력이 쑥쑥
- ☐ 내용이 쏙쏙
- ☐ 그래픽 조직자
- ☐ 말하는 공부
- ☐ 기억 꺼내기

화산 활동과
화산이 미치는 영향을
하롱이와 함께
신나게 공부해 보자~

아주 옛날, 제주도를 대표하는 돌하르방을 두고 서로 자신이 가진 것이 진짜라고 다투던 사람들이 사또를 찾아갔어요. 사또는 진짜 돌하르방을 골라내고, 왜 이것이 제주도에서만 볼 수 있는 돌인지 설명해 주었어요. 과연 사또의 판결과 그 이유는 무엇이었을까요?

① 보석 ② 바위 ③ 현무암 ④ 황토

진짜 돌하르방이 어떤 것인지 판결을 내리겠다.
제주도를 대표하는 돌하르방은 바로 ＿＿＿＿＿ 번이다.
왜냐하면 제주도는 화산섬이다. 그래서 이 돌하르방이 바로
제주도에서만 볼 수 있는 돌하르방이다.

그런데 왜 이 돌이 화산섬에서만 볼 수 있는 돌인가요?

그건 바로
＿＿＿＿＿＿＿＿＿＿＿＿＿＿＿＿＿＿＿＿＿ 때문이다.

어휘 뜻 짐작하기

❶ 아래 글을 훑어 읽으며 모르는 어휘에 ☐ 표시하세요.

❷ ☐ 표시한 어휘 가운데 선택하여 앞, 뒤 문장을 다시 읽어 보며 어휘의 뜻을 짐작하여 오른쪽 칸에 써 보세요.

땅속 깊은 곳에서 뜨거운 열로 암석이 녹으면 마그마가 만들어집니다. 이 마그마가 땅의 틈을 통해 밖으로 나오는 것을 화산 활동이라고 합니다. 화산 활동으로 만들어진 산을 화산이라 하며, 용암의 끈적한 정도에 따라 모양이 다양합니다. 화산 꼭대기에는 분화구가 생기기도 하는데, 여기에 물이 고이면 한라산의 백록담이나 백두산의 천지처럼 호수가 만들어지기도 합니다.

화산 활동 시에는 여러 가지 물질들이 뿜어져 나오는데, 이를 화산 분출물이라 합니다. 화산 가스처럼 기체 상태로 나오는 것도 있고, 화산재나 암석 조각처럼 고체 상태로 나오는 것도 있고, 용암처럼 액체 상태로 나오는 것도 있습니다.

마그마가 지표로 흘러나와 식거나 지하 깊은 곳에서 식으면 단단한 암석이 되는데 이를 화성암이라고 합니다. 대표적인 화성암으로는 현무암과 화강암이 있습니다. 현무암은 마그마가 지표 가까이에서 빠르게 식어 굳어진 암석으로, 알갱이 굵기가 작고 색깔이 어둡습니다. 현무암 중에는 마그마 속에 포함된 가스가 빠져나가면서 표면에 구멍이 뚫려 있는 것도 있습니다. 화강암은 마그마가 땅속 깊은 곳에서 천천히 식으면서 굳어진 암석으로, 알갱이 굵기가 현무암보다 크고 밝은색을 띱니다.

화산 활동은 피해를 주기도 하지만 이로운 점도 있습니다. 화산 활동은 지진이나 산불을 일으킬 수 있으며, 화산재는 비행기 운항을 방해하고 농작물에 피해를 줄 뿐만 아니라, 호흡기 질환을 일으켜 건강을 위협할 수도 있습니다. 그러나 화산 주변의 아름다운 경관은 관광지로 활용될 수 있으며, 화산의 열은 온천 개발이나 전기를 만드는 데 이용됩니다. 또한, 화산재는 시간이 지나면서 토양을 기름지게 하여 농사에 도움이 되기도 합니다.

1 ☐ 표시한 어휘 중 정확한 뜻을 알고 싶은 어휘를 골라 아래에 쓰세요.

2 어휘 사전에서 어휘의 뜻을 찾아 이해한 뒤, 뜻을 **내 말로** **정리**해 보세요.

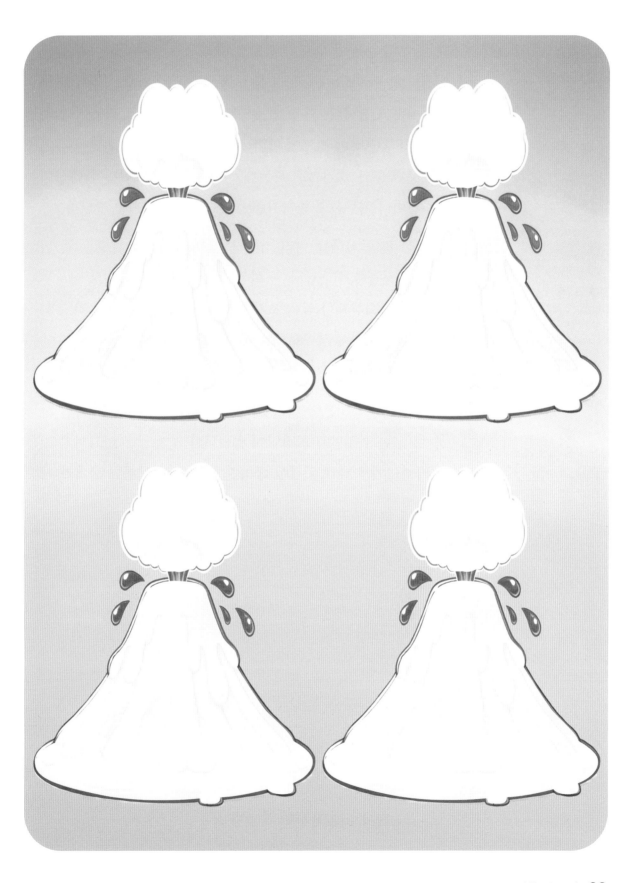

1문단
◦ 중심어에 ◯하기
◦ 중심 문장에 ____ 긋기

1 땅속 깊은 곳에서 뜨거운 열로 암석이 녹으면 마그마가 만들어집니다. 이 마그마가 땅의 틈을 통해 밖으로 나오는 것을 화산 활동이라고 합니다. 화산 활동으로 만들어진 산을 화산이라 하며, 용암의 끈적한 정도에 따라 모양이 다양합니다. 화산 꼭대기에는 분화구가 생기기도 하는데, 여기에 물이 고이면 한라산의 백록담이나 백두산의 천지처럼 호수가 만들어지기도 합니다.

2문단
◦ 중심어에 ◯하기
◦ 중심 문장에 ____ 긋기

2 화산 활동 시에는 여러 가지 물질들이 뿜어져 나오는데, 이를 화산 분출물이라 합니다. 화산 가스처럼 기체 상태로 나오는 것도 있고, 화산재나 암석 조각처럼 고체 상태로 나오는 것도 있고, 용암처럼 액체 상태로 나오는 것도 있습니다.

3문단
◦ 중심어에 ◯하기
◦ 중심 문장에 ____ 긋기

3 마그마가 지표로 흘러나와 식거나 지하 깊은 곳에서 식으면 단단한 암석이 되는데 이를 화성암이라고 합니다. 대표적인 화성암으로는 현무암과 화강암이 있습니다. 현무암은 마그마가 지표 가까이에서 빠르게 식어 굳어진 암석으로, 알갱이 굵기가 작고 색깔이 어둡습니다. 현무암 중에는 마그마 속에 포함된 가스가 빠져나가면서 표면에 구멍이 뚫려 있는 것도 있습니다. 화강암은 마그마가 땅속 깊은 곳에서 천천히 식으면서 굳어진 암석으로, 알갱이 굵기가 현무암보다 크고 밝은색을 띱니다.

4문단
◦ 중심어에 ◯하기
◦ 중심 문장에 ____ 긋기

4 화산 활동은 피해를 주기도 하지만 이로운 점도 있습니다. 화산 활동은 지진이나 산불을 일으킬 수 있으며, 화산재는 비행기 운항을 방해하고 농작물에 피해를 줄 뿐만 아니라, 호흡기 질환을 일으켜 건강을 위협할 수도 있습니다. 그러나 화산 주변의 아름다운 경관은 관광지로 활용될 수 있으며, 화산의 열은 온천 개발이나 전기를 만드는 데 이용됩니다. 또한, 화산재는 시간이 지나면서 토양을 기름지게 하여 농사에 도움이 되기도 합니다.

지문의 중심 내용을 요약해 보세요.

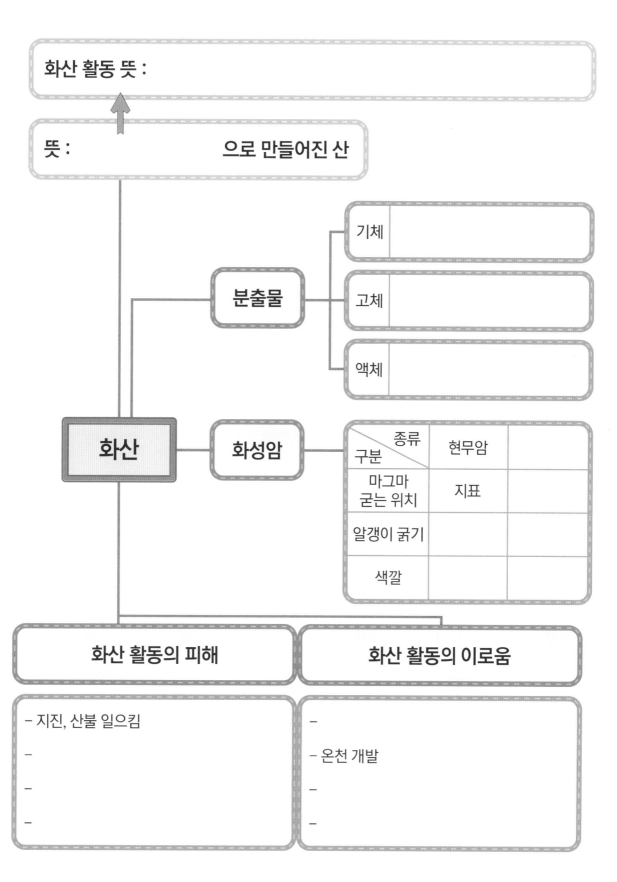

화산 활동 뜻 :

뜻 :   으로 만들어진 산

	기체	
	고체	
분출물	액체	

구분 \ 종류	현무암	
마그마 굳는 위치	지표	
알갱이 굵기		
색깔		

화산 ── 분출물

화산 ── 화성암

화산 활동의 피해

화산 활동의 이로움

화산 활동의 피해
– 지진, 산불 일으킴
–
–
–

화산 활동의 이로움
–
– 온천 개발
–
–

배운 내용을 말로 설명하는 과정은 내가 아는 것과 모르는 것을 구분하여 정확하게 이해하고 기억하게 해 주는 최고의 공부법이에요. 앞에 정리한 내용을 떠올리며 번호 순서대로 설명해 보세요.

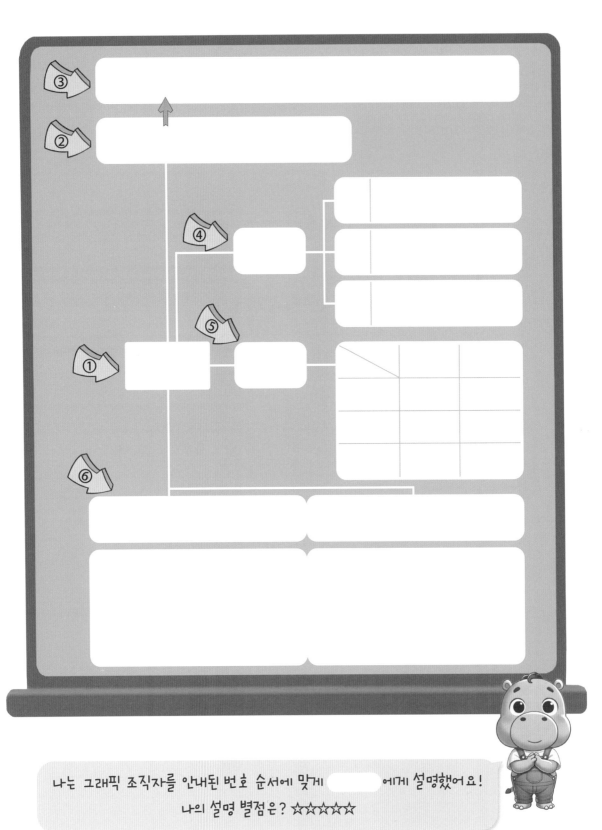

나는 그래픽 조직자를 안내된 번호 순서에 맞게 [   ]에게 설명했어요! 나의 설명 별점은? ☆☆☆☆☆

기억 꺼내기

화산 활동으로 형성된 제주도는 독특한 자연 경관을 자랑하는 우리나라 최고의 관광 명소입니다. 여러분이 관광 안내원이 되어, 각 지역이 어떻게 화산 활동과 연결되어 형성되었는지 제시어를 참고하여 설명해 보세요.

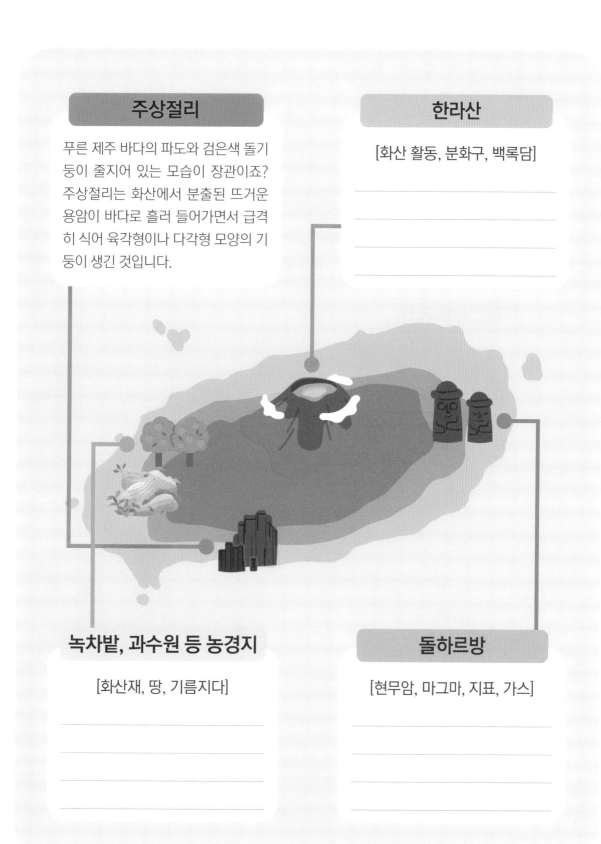

주상절리

푸른 제주 바다의 파도와 검은색 돌기둥이 줄지어 있는 모습이 장관이죠? 주상절리는 화산에서 분출된 뜨거운 용암이 바다로 흘러 들어가면서 급격히 식어 육각형이나 다각형 모양의 기둥이 생긴 것입니다.

한라산

[화산 활동, 분화구, 백록담]

_____
_____
_____
_____

녹차밭, 과수원 등 농경지

[화산재, 땅, 기름지다]

_____
_____
_____

돌하르방

[현무암, 마그마, 지표, 가스]

_____
_____
_____

03 지진이 발생하는 원인과 대처하는 방법은 무엇일까요?

학습 목표

지진이 발생하는 원인을 알고, 지진에 대처하는 방법을
실천할 수 있어요.

학습 완료 체크

학습이 끝난 코너는 ✔ 체크해 보세요.

- ☐ 생각 열기
- ☐ 어휘 뜻 짐작하기
- ☐ 어휘력이 쑥쑥
- ☐ 내용이 쏙쏙
- ☐ 그래픽 조직자
- ☐ 말하는 공부
- ☐ 기억 꺼내기

지진이 발생하는
원인과 대처 방법을
하롱이와 함께
신나게 공부해 보자~

언제 발생할 지 모를 지진에 대비해 생존 가방을 준비해야 해요. 생존에 필요한 물건 중에서 어떤 것이 필요한지 우승자를 가리는 경기 방식으로 결정해 보세요. 최종적으로 선택한 물건과 그 이유도 작성해 보세요.

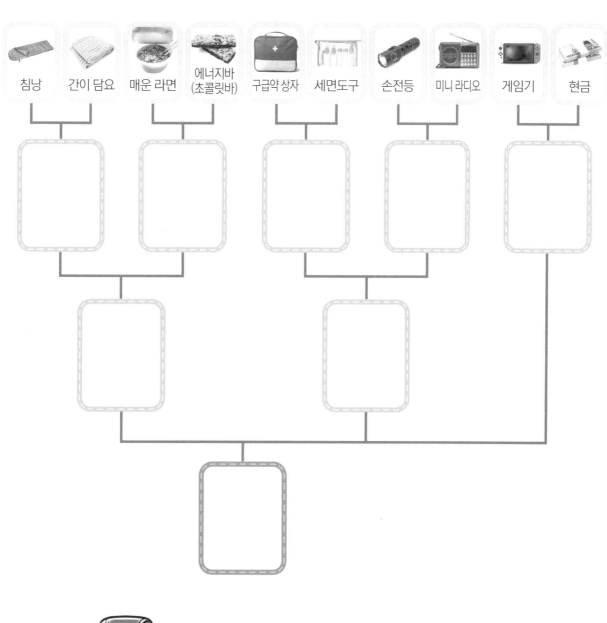

침낭 간이 담요 매운 라면 에너지바 (초콜릿바) 구급약 상자 세면도구 손전등 미니 라디오 게임기 현금

마지막으로 _____ 을/를 결정한 이유는

_____

_____

_____

어휘 뜻
짐작하기

❶ 아래 글을 훑어 읽으며 모르는 어휘에 ☐ 표시하세요.

❷ ☐ 표시한 어휘 가운데 선택하여 앞, 뒤 문장을 다시 읽어 보며 어휘의 뜻을 짐작하여 오른쪽 칸에 써 보세요.

지구는 여러 층으로 이루어져 있습니다. 그중 가장 바깥쪽에 있는 지각은 우리가 사는 땅과 바다 밑부분을 이루는 층입니다. 지각은 지구의 껍질과 같은 역할을 하며, 퍼즐 조각처럼 여러 개의 큰 판으로 나뉘어 있습니다. 이 판들은 서로 부딪히거나 밀고 당기면서 조금씩 움직입니다.

지각 안에는 흙, 모래, 돌 등이 오랜 시간 동안 층층이 쌓여 만들어진 지층이 있습니다. 이 지층은 지구 내부의 힘을 받으며, 시간이 지나면서 흔들리거나 끊어질 수 있습니다. 지층이 끊어지거나 변형될 때 땅이 흔들리는 현상을 지진이라고 합니다.

지진의 세기는 발생한 힘의 크기에 따라 규모로 나타냅니다. 규모의 숫자가 클수록 강한 지진입니다. 작은 규모의 지진은 땅이 살짝 흔들리는 정도이지만, 큰 규모의 지진은 건물이 무너지고 땅이 갈라지는 등 큰 피해를 줄 수 있습니다. 큰 지진이 발생하면 산사태나 화재가 발생하고, 도로가 끊어지는 등 심각한 피해가 발생할 수 있습니다.

지진은 예고 없이 발생하기 때문에 평소에 대비하는 것이 중요합니다. 평소에는 생존 가방을 준비하고, 지진 대피 훈련으로 안전하게 대처하는 방법을 익혀야 합니다. 지진이 발생하면 가스나 전기를 차단해 화재를 막고, 책상 밑으로 대피합니다. 큰 흔들림이 잦아들면 현관문을 열어 대피할 통로를 확보하고, 여진에 대비합니다. 흔들림이 멈춘 뒤에는 승강기를 이용하지 말고 계단을 이용해 밖으로 이동합니다. 운동장이나 공원처럼 넓은 대피 장소에 도착한 후에는 다친 사람이 있는지 확인하고 구조 요청을 해야 합니다. 그다음에는 라디오나 공공 기관의 안내 방송을 들으며 안전 지시에 따라 행동해야 합니다.

① ☐ 표시한 어휘 중 정확한 뜻을 알고 싶은 어휘를 골라 아래에 쓰세요.

② 어휘 사전에서 어휘의 뜻을 찾아 이해한 뒤, 뜻을 **내 말로** **정리**해 보세요.

글을 읽으며 글쓴이가 중요하다고 강조하는 중심어에는 ◯,
중심 문장에는 _____을 그어 보세요.

1문단
○ 중심어에 ◯하기
○ 중심 문장에 ____긋기

1 지구는 여러 층으로 이루어져 있습니다. 그중 가장 바깥쪽에 있는 지각은 우리가 사는 땅과 바다 밑부분을 이루는 층입니다. 지각은 지구의 껍질과 같은 역할을 하며, 퍼즐 조각처럼 여러 개의 큰 판으로 나뉘어 있습니다. 이 판들은 서로 부딪히거나 밀고 당기면서 조금씩 움직입니다.

2문단
○ 중심어에 ◯하기
○ 중심 문장에 ____긋기

2 지각 안에는 흙, 모래, 돌 등이 오랜 시간 동안 층층이 쌓여 만들어진 지층이 있습니다. 이 지층은 지구 내부의 힘을 받으며, 시간이 지나면서 흔들리거나 끊어질 수 있습니다. 지층이 끊어지거나 변형될 때 땅이 흔들리는 현상을 지진이라고 합니다.

3문단
○ 중심어에 ◯하기
○ 중심 문장에 ____긋기

3 지진의 세기는 발생한 힘의 크기에 따라 규모로 나타냅니다. 규모의 숫자가 클수록 강한 지진입니다. 작은 규모의 지진은 땅이 살짝 흔들리는 정도이지만, 큰 규모의 지진은 건물이 무너지고 땅이 갈라지는 등 큰 피해를 줄 수 있습니다. 큰 지진이 발생하면 산사태나 화재가 발생하고, 도로가 끊어지는 등 심각한 피해가 발생할 수 있습니다.

4문단
○ 중심어에 ◯하기
○ 중심 문장에 ____긋기
○ 지진 발생 시점에
　□하기

4 지진은 예고 없이 발생하기 때문에 평소에 대비하는 것이 중요합니다. 평소에는 생존 가방을 준비하고, 지진 대피 훈련으로 안전하게 대처하는 방법을 익혀야 합니다. 지진이 발생하면 가스나 전기를 차단해 화재를 막고, 책상 밑으로 대피합니다. 큰 흔들림이 잦아들면 현관문을 열어 대피할 통로를 확보하고, 여진에 대비합니다. 흔들림이 멈춘 뒤에는 승강기를 이용하지 말고 계단을 이용해 밖으로 이동합니다. 운동장이나 공원처럼 넓은 대피 장소에 도착한 후에는 다친 사람이 있는지 확인하고 구조 요청을 해야 합니다. 그다음에는 라디오나 공공 기관의 안내 방송을 들으며 안전 지시에 따라 행동해야 합니다.

그래픽 조직자

지문의 중심 내용을 요약해 보세요.

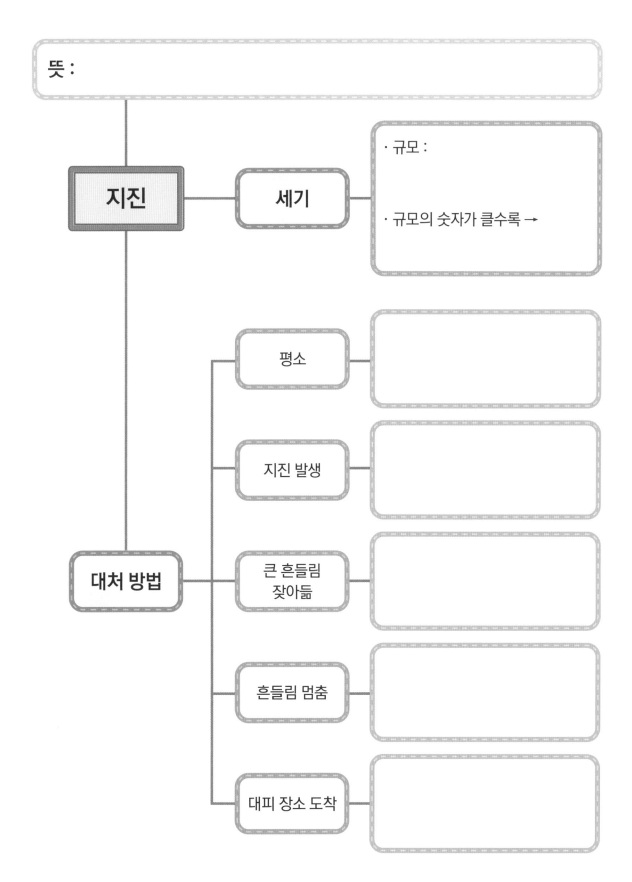

뜻 :

지진 ── 세기 ── · 규모 :

· 규모의 숫자가 클수록 →

대처 방법 ── 평소

── 지진 발생

── 큰 흔들림 잦아듦

── 흔들림 멈춤

── 대피 장소 도착

말하는 공부

배운 내용을 말로 설명하는 과정은 내가 아는 것과 모르는 것을 구분하여 정확하게 이해하고, 기억하게 해 주는 최고의 공부법이에요. 앞에 정리한 내용을 떠올리며 번호 순서대로 설명해 보세요.

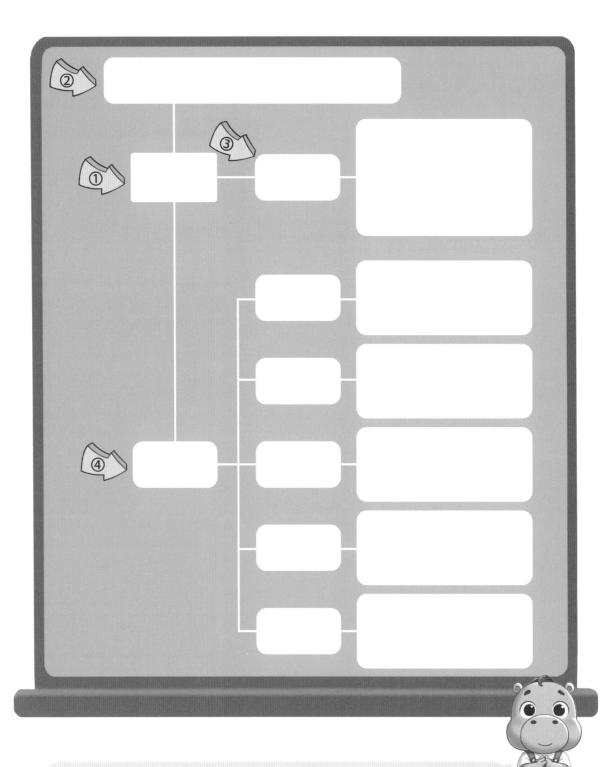

나는 그래픽 조직자를 안내된 번호 순서에 맞게 [   ]에게 설명했어요!
나의 설명 별점은? ☆☆☆☆☆

기억
꺼내기

지진이 발생하자 사람들이 당황하며 어떻게 해야 할지 몰라 우왕좌왕하고 있어요. 여러분이 '안전맨'이 되어 사람들에게 올바른 지진 대처 방법을 알려 주세요!

예시

아주머니가 요리를 하다 말고
놀라서 뛰쳐나가려고 해요.

잠깐! 가스불
끄고 전기를
차단시키고
나가세요.

집이 흔들리자 무서워서
침대 이불 속으로 들어가 있어요.

흔들림이 심해지자 빨리 피하려고
엘리베이터를 타러 달려가요.

밖으로 나오자마자 벽에 기대 앉아
흔들림이 멈추길 기다리고 있어요.

대피 장소에 와서
친구와 수다를 떨고 있어요.

하롱이가 '땅의 변화'에서 배운 어휘로 퀴즈를 냈어요.
아래 어휘에 대한 설명을 읽고 해당하는 어휘를 가로, 세로,
대각선에서 찾아 번호를 표시하세요.

침	순	재	가	산	친	진
태	식	작	화	술	지	규
리	나	사	안	현	낱	층
쏘	온	적	풀	마	무	린
아	퇴	칠	분	석	그	중
토	양	성	화	철	림	마
용	암	돌	구	강	차	설

❶ 흐르는 물이 바위나 돌을 깎아 내어 작은 돌멩이나 흙으로 만드는 것을 ○○ 작용이라고 합니다.

❷ 운반된 돌이나 흙을 쌓아 새로운 지형을 만들어 내는 것을 ○○ 작용이라고 합니다.

❸ 땅속 깊은 곳에서 뜨거운 열로 인해 암석이 녹으면 ○○○가 만들어집니다.

❹ 화산 활동 시 분출물이 나오는데, 액체 상태로 나오는 것을 ○○이라고 합니다.

❺ 화산 꼭대기에는 움푹 파인 ○○○가 생기기도 하는데, 여기에 물이 고이면 한라산의 백록담이나 백두산의 천지처럼 아름다운 호수가 만들어지기도 합니다.

❻ 흙, 모래, 돌 등이 오랜 시간 동안 층층이 쌓여 만들어진 것을 ○○이라고 합니다.

❼ 지층이 지구 내부에서 작용하는 힘을 받아 끊어지면서 땅이 흔들리는 것을 ○○이라고 합니다.

스스로 생각하기

4학년 1반 친구들은 '자연재해 현장 속으로, VR 체험관'을 방문했어요. '화산' 또는 '지진' 체험 중 하나를 선택한 뒤, 상황에 맞는 키워드를 활용하여 뉴스 대본을 완성해 보세요.

자연재해 현장 속으로, VR체험관

우르르 쾅쾅, 화산은 폭발 중 | 콰지지지직, 지진 현장에서 대피 중

화산 폭발 현장 상황	지진 발생! 대피하는 방법
용암 마그마 화산재 분화	생존 가방 라디오 계단 전기 차단

[누가, 언제, 어디서, 무엇을, 어떻게, 왜]를 생각하며 기사문을 작성해 보세요.

저는 지금 _____ 현장에 나와 있습니다.

_____

_____

_____

_____

지금까지 _____ 뉴스의 _____ 기자였습니다. 감사합니다.

4단원

다양한 생물과 우리 생활

01 우리 주변에 사는 다양한 생물에는 무엇이 있을까요?

02 다양한 생물은 우리 생활에 어떤 영향을 미칠까요?

01 우리 주변에 사는 다양한 생물에는 무엇이 있을까요?

학습 목표

다양한 생물의 종류와 특징을 알고 이해할 수 있다.

학습 완료 체크

학습이 끝난 코너는 ✔ 체크해 보세요.

- ☐ 생각 열기
- ☐ 어휘 뜻 짐작하기
- ☐ 어휘력이 쑥쑥
- ☐ 내용이 쏙쏙
- ☐ 그래픽 조직자
- ☐ 말하는 공부
- ☐ 기억 꺼내기

다양한 생물이
궁금한 친구들 모여라~
하롱이와 함께
신나게 공부해 보자~

생물학교 4학년 1반은 동물 모둠, 식물 모둠, 동물도 식물도
아닌 모둠 이렇게 3개의 모둠으로 구성되어 있어요.
오늘 6명의 전학생이 와서 각 모둠에 2명씩 배정할 거예요.
알맞은 모둠을 찾아 빈자리에 이름을 적어 주세요.

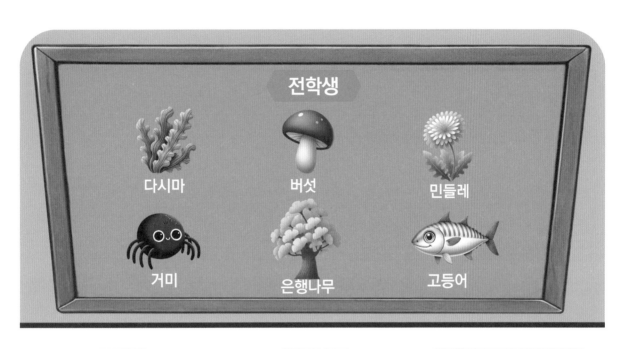

전학생

다시마   버섯   민들레

거미   은행나무   고등어

동물 모둠		식물 모둠		동물도 식물도 아닌 모둠	
사자	강아지	튤립	소나무	해캄	곰팡이
토끼	거위	자두	잡초	미역	대장균

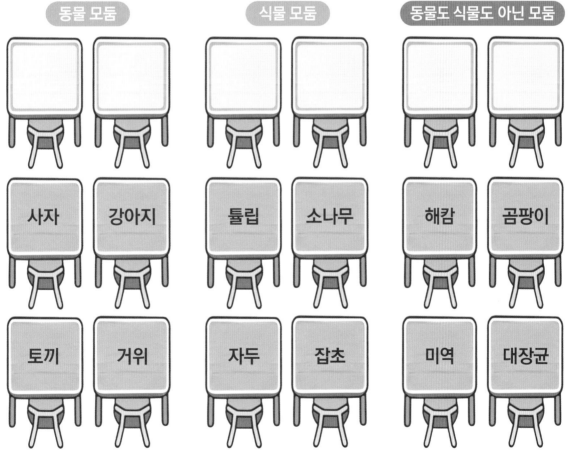

❶ 아래 글을 훑어 읽으며 모르는 어휘에 ☐ 표시하세요.

❷ ☐ 표시한 어휘 가운데 선택하여 앞, 뒤 문장을 다시 읽어 보며 어휘의 뜻을 짐작하여 오른쪽 칸에 써 보세요.

우리 주변에는 다양한 생물이 살고 있습니다. 고양이나 거미 같은 동물도 있고 나무나 꽃 같은 식물도 있습니다. 하지만 동물이나 식물로 분류하기 어려운 생물도 있습니다. 동물도 식물도 아닌 생물에는 균류, 원생생물, 세균 등이 있습니다.

곰팡이나 버섯 같은 생물을 균류라고 합니다. ❶ 균류는 주로 습기가 많고 그늘진 따뜻한 곳에서 삽니다. ❷ 균류는 대부분 죽은 생물이나 동물의 배설물, 음식물에서 양분을 얻으며 살아갑니다. ❸ 균류를 실체 현미경으로 관찰하면 가늘고 긴 실 모양의 균사로 이루어져 있으며, 식물의 씨앗처럼 포자를 만들어 자손을 퍼뜨립니다.

해캄, 다시마, 짚신벌레 같은 단세포 생물을 원생생물이라고 합니다. ❶ 원생생물은 연못이나 고인 물, 물살이 느린 하천에서 주로 살고, 파래나 미역처럼 바다에 사는 원생생물도 있습니다. ❷ 원생생물 중에는 해캄처럼 엽록체를 가지고 있어, 광합성을 통해 스스로 양분을 만들어 내는 종류도 있습니다. ❸ 짚신벌레는 둥글고 길쭉한 모양에 잔털이 나 있습니다. 원생생물은 해캄, 다시마, 미역처럼 맨눈으로 볼 수 있는 것도 있지만, 짚신벌레, 유글레나처럼 생물 현미경으로 봐야 하는 것도 있습니다.

젖산균, 대장균, 콜레라균 같은 단세포 생물을 세균이라고 합니다. ❶ 세균은 공기, 흙, 물은 물론이고 동식물의 몸속이나 우리가 사용하는 물건에도 살고 있습니다. ❷ 세균은 지구에서 가장 오래된 생물로, 따뜻하고 영양분이 풍부한 곳에서는 짧은 시간에 엄청나게 많이 늘어납니다. ❸ 세균은 생김새에 따라 공 모양, 막대 모양, 나선 모양 등으로 구분하며 꼬리가 있는 세균도 있습니다. 세균은 다른 생물들보다 아주 작아서 특수 현미경으로 관찰해야 합니다.

❶ ☐ 표시한 어휘 중 정확한 뜻을 알고 싶은 어휘를 골라 아래에 쓰세요.

❷ 어휘 사전에서 어휘의 뜻을 찾아 이해한 뒤, 뜻을 내 말로 정리해 보세요.

내용이 쏙쏙

글을 읽으며 글쓴이가 중요하다고 강조하는 중심어에는 ◯,
중심 문장에는 _____을 그어 보세요.

1문단
- 중심어에 ◯하기
- 중심 문장에 ____긋기

2문단
- 중심어에 ◯하기
- 중심 문장에 ____긋기
- 제목 붙이기
- ❶ [   ]
- ❷ [   ]
- ❸ [균류의 구조]

3문단
- 중심어에 ◯하기
- 중심 문장에 ____긋기
- 제목 붙이기
- ❶ [   ]
- ❷ [원생생물의 양분 얻는 법]
- ❸ [   ]

4문단
- 중심어에 ◯하기
- 중심 문장에 ____긋기
- 제목 붙이기
- ❶ [   ]
- ❷ [세균의 번식]
- ❸ [   ]

1 우리 주변에는 다양한 생물이 살고 있습니다. 고양이나 거미 같은 동물도 있고 나무나 꽃 같은 식물도 있습니다. 하지만 동물이나 식물로 분류하기 어려운 생물도 있습니다. 동물도 식물도 아닌 생물에는 균류, 원생생물, 세균 등이 있습니다,

2 곰팡이나 버섯 같은 생물을 균류라고 합니다. ❶ 균류는 주로 습기가 많고 그늘진 따뜻한 곳에서 삽니다. ❷ 균류는 대부분 죽은 생물이나 동물의 배설물, 음식물에서 양분을 얻으며 살아갑니다. ❸ 균류를 실체 현미경으로 관찰하면 가늘고 긴 실 모양의 균사로 이루어져 있으며, 식물의 씨앗처럼 포자를 만들어 자손을 퍼뜨립니다.

3 해캄, 다시마, 짚신벌레 같은 단세포 생물을 원생생물이라고 합니다. ❶ 원생생물은 연못이나 고인 물, 물살이 느린 하천에서 주로 살고, 파래나 미역처럼 바다에 사는 원생생물도 있습니다. ❷ 원생생물 중에는 해캄처럼 엽록체를 가지고 있어, 광합성을 통해 스스로 양분을 만들어 내는 종류도 있습니다. ❸ 짚신벌레는 둥글고 길쭉한 모양에 잔털이 나 있습니다. 원생생물은 해캄, 다시마, 미역처럼 맨눈으로 볼 수 있는 것도 있지만, 짚신벌레, 유글레나처럼 생물 현미경으로 봐야 하는 것도 있습니다.

4 젖산균, 대장균, 콜레라균 같은 단세포 생물을 세균이라고 합니다. ❶ 세균은 공기, 흙, 물은 물론이고 동식물의 몸속이나 우리가 사용하는 물건에도 살고 있습니다. ❷ 세균은 지구에서 가장 오래된 생물로, 따뜻하고 영양분이 풍부한 곳에서는 짧은 시간에 엄청나게 많이 늘어납니다. ❸ 세균은 생김새에 따라 공 모양, 막대 모양, 나선 모양 등으로 구분하며 꼬리가 있는 세균도 있습니다. 세균은 다른 생물들보다 아주 작아서 특수 현미경으로 관찰해야 합니다.

지문의 중심 내용을 요약해 보세요.

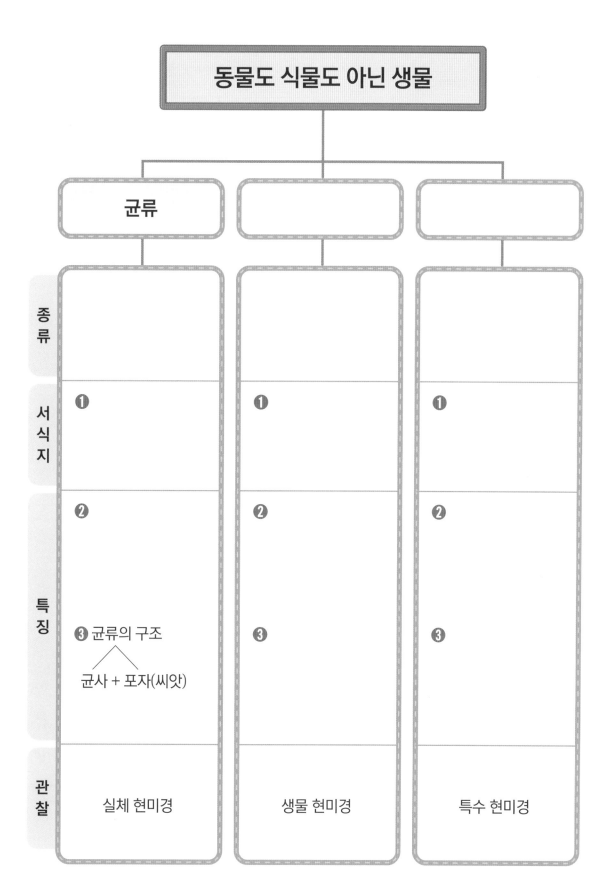

동물도 식물도 아닌 생물

균류

종류

서식지
❶
❶
❶

특징
❷
❷
❷

❸ 균류의 구조

균사 + 포자(씨앗)

❸
❸

관찰
실체 현미경
생물 현미경
특수 현미경

말하는 공부

배운 내용을 말로 설명하는 과정은 내가 아는 것과 모르는 것을 구분하여 정확하게 이해하고 기억하게 해 주는 최고의 공부법이에요. 앞에 정리한 내용을 떠올리며 번호 순서대로 설명해 보세요.

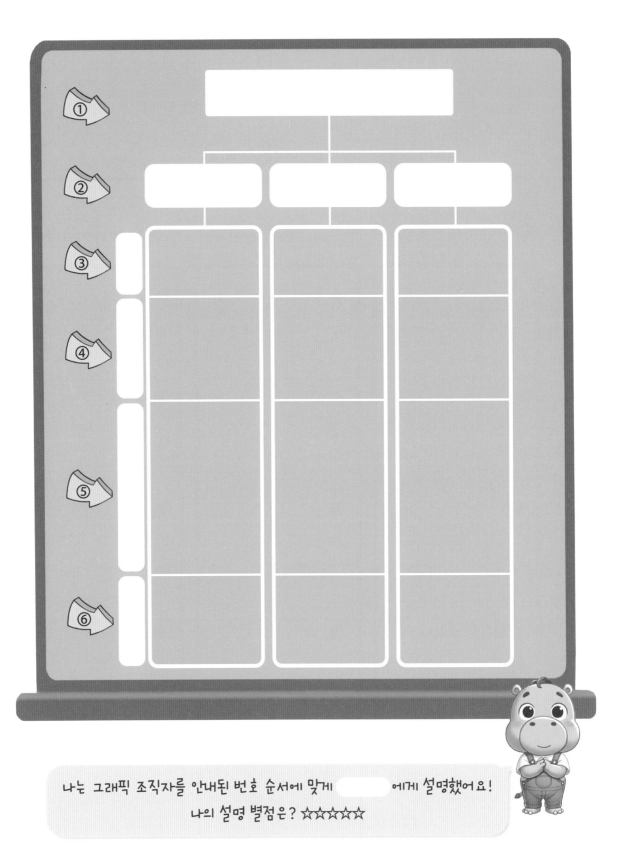

나는 그래픽 조직자를 안내된 번호 순서에 맞게 _____에게 설명했어요!
나의 설명 별점은? ☆☆☆☆☆

미생물들이 숲속 놀이터에서 정신없이 놀다가 집으로 가는 길을 잃어버렸대요. 그래서 팡이(곰팡이), 카미(해캄), 규니(콜레라균)의 집을 찾아 주려고 해요. 다음 질문에 하나씩 답하면서 집을 찾아 주세요.

출발하기 전에 팡이한테는 동그라미, 카미한테는 세모, 규니한테는 네모 표시해 줄래? 그리고 질문에 답을 따라가며 선을 그으면 돼. 그러다 집을 찾으면 팡이 집에는 동그라미, 카미 집에는 세모, 규니 집에는 네모 표시해 줘. 자, 그럼 팡이, 카미, 규니 순으로 한 명씩 출발!

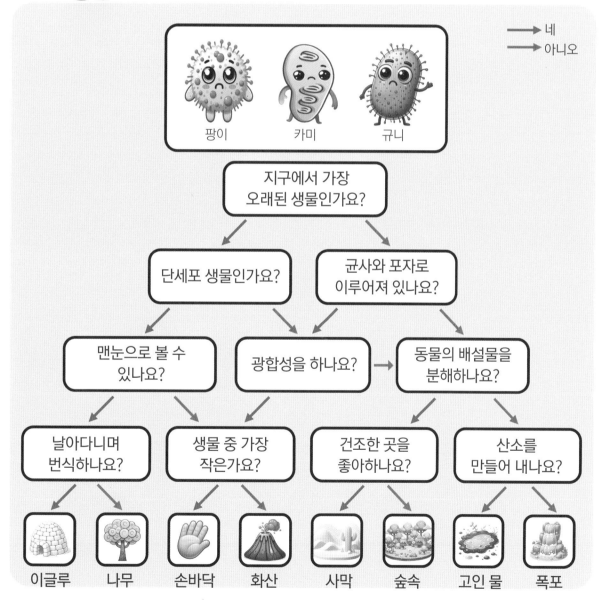

02 다양한 생물은 우리 생활에 어떤 영향을 미칠까요?

학습 목표

다양한 생물의 이로운 점과 해로운 점을 알고,
첨단 생명과학에 어떻게 활용되는지 이해할 수 있다.

학습 완료 체크

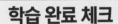

학습이 끝난 코너는 ✔ 체크해 보세요.

- ☐ 생각 열기
- ☐ 어휘 뜻 짐작하기
- ☐ 어휘력이 쑥쑥
- ☐ 내용이 쏙쏙
- ☐ 그래픽 조직자
- ☐ 말하는 공부
- ☐ 기억 꺼내기

다양한 생물의
이로운 점과 해로운 점에 대해
하롱이와 함께
신나게 공부해 보자~

생각
열기

균류와 세균 친구들이 코딩 대회에 참여했어요. 이번 경기의 규칙은 '발효식품만 따라 이동하기'입니다. 4명의 친구들이 내린 코딩 명령어를 따라가며 우승한 친구를 찾아보세요. 이동 경로는 각각 다른 색으로 표시해 주세요.

우승자를 찾는 방법
1. 코딩 명령어에 적힌 화살표대로 따라가며 선을 긋는다.
2. 발효식품이 아닌 칸을 지나가면 실격!

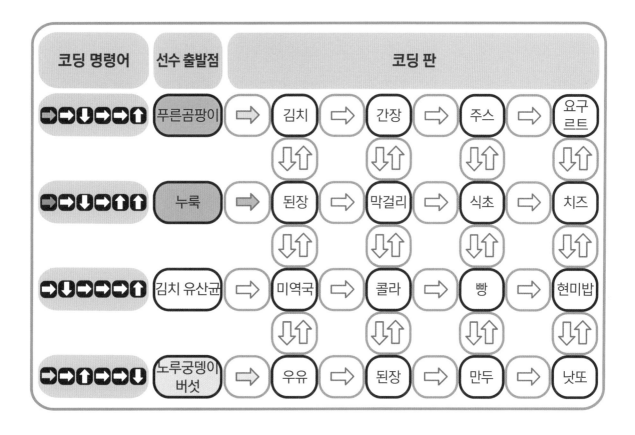

코딩 명령어	선수 출발점	코딩 판			
▶▶⬇▶▶⬆	푸른곰팡이	김치	간장	주스	요구르트
▶▶⬇▶⬆⬆	누룩	된장	막걸리	식초	치즈
▶⬇▶▶▶⬆	김치 유산균	미역국	콜라	빵	현미밥
▶▶⬆⬆▶▶⬇	노루궁뎅이 버섯	우유	된장	만두	낫또

발효식품은 미생물의 도움을 받아 원재료가 변형되어 만들어진 음식이야. 미생물이 음식 안에서 작용하면 맛과 향이 좋아지고 영양도 풍부해지지.

우승자

① 아래 글을 훑어 읽으며 모르는 어휘에 ☐ 표시하세요.

② ☐ 표시한 어휘 가운데 선택하여 앞, 뒤 문장을 다시 읽어 보며 어휘의 뜻을 짐작하여 오른쪽 칸에 써 보세요.

균류, 원생생물, 세균은 우리 생활에 이로운 영향을 미칩니다. 균류와 세균은 지구의 청소부 역할을 합니다. 죽은 생물이나 배설물, 쓰레기와 같은 오염 물질을 분해하여 깨끗한 환경을 유지시켜 줍니다. 또 균류와 세균은 된장, 김치, 요구르트, 치즈와 같은 발효식품을 만드는 데 이용됩니다. 균류인 영지버섯은 약이나 건강식품으로 쓰이고, 유산균은 우리 몸에 해로운 세균으로부터 건강을 지켜 줍니다. 원생생물 가운데 일부는 광합성을 해서 산소를 만들어 내고, 다른 생물의 먹이가 되기도 합니다. 해조류나 클로렐라 같은 원생생물은 영양분이 많아서 미래 식량 자원으로 주목받고 있습니다.

하지만 다양한 생물은 우리 생활에 해로운 영향을 주기도 합니다. 균류와 세균은 음식이나 가구를 상하게 하거나, 생물의 피부나 몸속에 침투하여 여러 질병을 일으키기도 합니다. 원생생물은 강이나 바다에 오염 물질이 과다하게 유입되면 급격하게 증식하여 적조현상을 일으키기도 합니다. 이렇게 되면 다른 생물이 살기 어렵게 됩니다.

생명과학은 우리 생활에서 생긴 이런 문제를 해결하는 데 도움을 줍니다. 균류와 세균은 다른 생물의 성장을 억제하면서 빠르게 증식하는 특성이 있습니다. 이 특성을 이용해 세균 감염을 치료하는 항생제를 짧은 시간에 대량으로 생산할 수 있습니다. 또 균류나 세균 중에는 나무에 발생하는 질병이나 해충을 막는 것도 있습니다. 이를 이용해 생물농약을 만들기도 합니다. 세균은 기름이나 오염된 물질을 분해하는 데 사용되어 하수처리장의 물을 정화합니다. 원생생물에서 기름이나 당 성분을 추출하여 친환경 연료인 생물 연료를 만들거나, 해캄처럼 광합성을 하는 원생생물로 자동차 연료를 생산하기도 합니다.

① ☐ 표시한 어휘 중 정확한 뜻을 알고 싶은 어휘를 골라 아래에 쓰세요.

② 어휘 사전에서 어휘의 뜻을 찾아 이해한 뒤, 뜻을 **내 말로 정리**해 보세요.

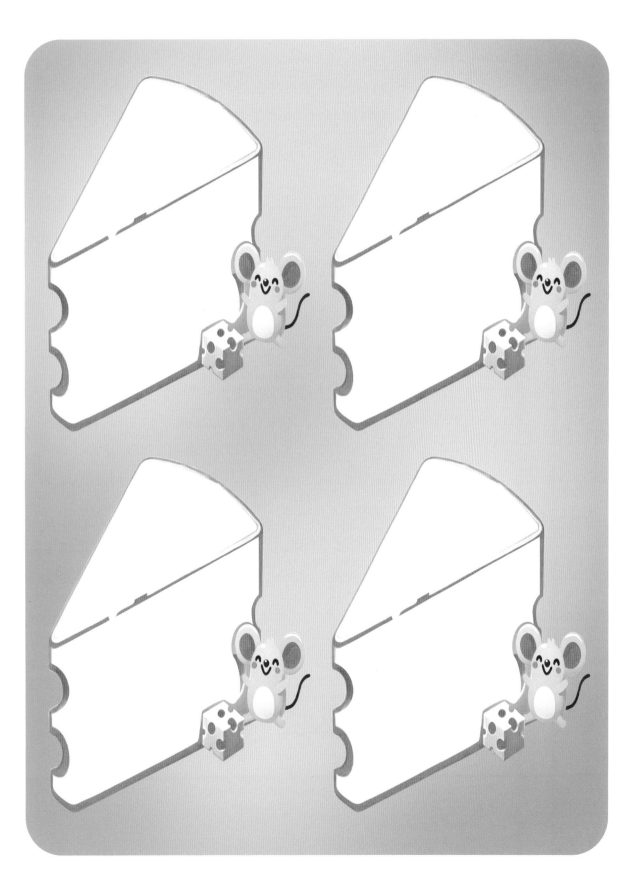

글을 읽으며 글쓴이가 중요하다고 강조하는 중심어에는 ◯, 중심 문장에는 _____을 그어 보세요.

1문단
○ 중심어에 ◯하기
○ 중심 문장에 ___긋기

2문단
○ 중심어에 ◯하기
○ 중심 문장에 ___긋기

3문단
○ 중심어에 ◯하기
○ 중심 문장에 ___긋기

1 균류, 원생생물, 세균은 우리 생활에 이로운 영향을 미칩니다. 균류와 세균은 지구의 청소부 역할을 합니다. 죽은 생물이나 배설물, 쓰레기와 같은 오염 물질을 분해하여 깨끗한 환경을 유지시켜 줍니다. 또 균류와 세균은 된장, 김치, 요구르트, 치즈와 같은 발효식품을 만드는 데 이용됩니다. 균류인 영지버섯은 약이나 건강식품으로 쓰이고, 유산균은 우리 몸에 해로운 세균으로부터 건강을 지켜 줍니다. 원생생물 가운데 일부는 광합성을 해서 산소를 만들어 내고, 다른 생물의 먹이가 되기도 합니다. 해조류나 클로렐라 같은 원생생물은 영양분이 많아서 미래 식량 자원으로 주목받고 있습니다.

2 하지만 다양한 생물은 우리 생활에 해로운 영향을 주기도 합니다. 균류와 세균은 음식이나 가구를 상하게 하거나, 생물의 피부나 몸속에 침투하여 여러 질병을 일으키기도 합니다. 원생생물은 강이나 바다에 오염 물질이 과다하게 유입되면 급격하게 증식하여 적조현상을 일으키기도 합니다. 이렇게 되면 다른 생물이 살기 어렵게 됩니다.

3 생명과학은 우리 생활에서 생긴 이런 문제를 해결하는 데 도움을 줍니다. 균류와 세균은 다른 생물의 성장을 억제하면서 빠르게 증식하는 특성이 있습니다. 이 특성을 이용해 세균 감염을 치료하는 항생제를 짧은 시간에 대량으로 생산할 수 있습니다. 또 균류나 세균 중에는 나무에 발생하는 질병이나 해충을 막는 것도 있습니다. 이를 이용해 생물농약을 만들기도 합니다. 세균은 기름이나 오염된 물질을 분해하는 데 사용되어 하수처리장의 물을 정화합니다. 원생생물에서 기름이나 당 성분을 추출하여 친환경 연료인 생물 연료를 만들거나, 해캄처럼 광합성을 하는 원생생물로 자동차 연료를 생산하기도 합니다.

지문의 중심 내용을 요약해 보세요.

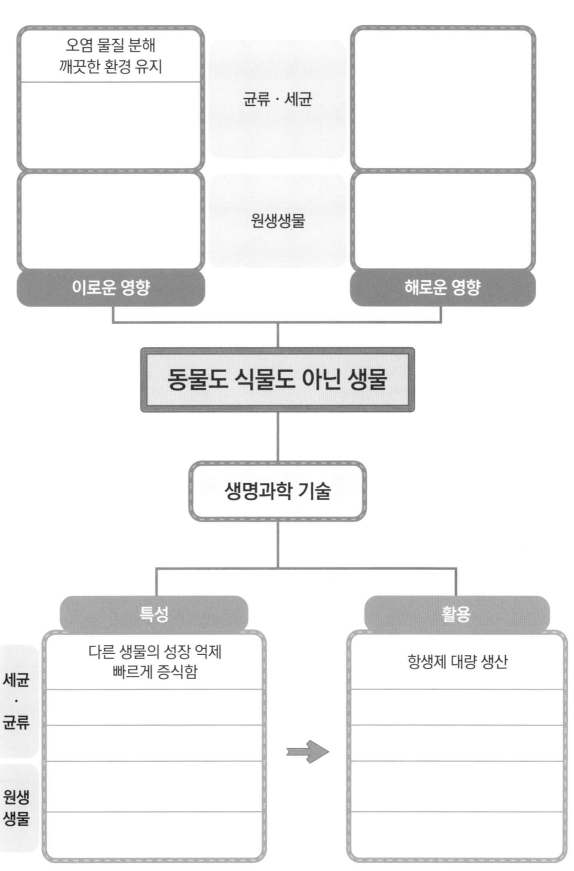

오염 물질 분해
깨끗한 환경 유지

균류 · 세균

원생생물

이로운 영향

해로운 영향

동물도 식물도 아닌 생물

생명과학 기술

특성

세균
·
균류

다른 생물의 성장 억제
빠르게 증식함

원생
생물

활용

항생제 대량 생산

말하는 공부

배운 내용을 말로 설명하는 과정은 내가 아는 것과 모르는 것을 구분하여 정확하게 이해하고 기억하게 해 주는 최고의 공부법 이에요. 앞에 정리한 내용을 떠올리며 설명해 보세요.

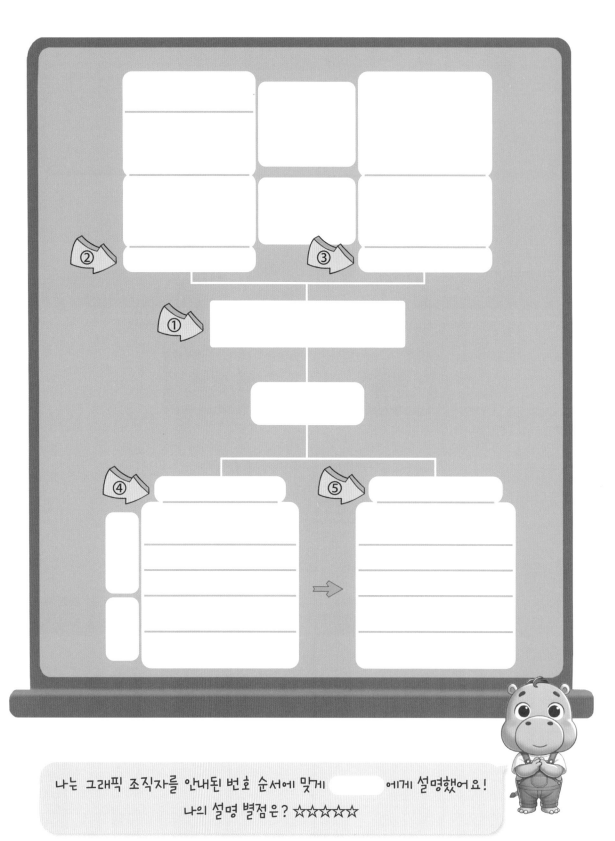

기억 꺼내기

청정 도시였던 '클리어워터'가 악당 몬스터의 공격을 받았대요. 미생물학자 하롱이가 균류, 원생생물, 세균 부대를 조직해 '클리어워터'를 구하려고 합니다. 어떤 부대를 출동시키면 좋을지 고민하는 하롱이를 도와주세요.

위급 상황 1 악당 몬스터가 강물에 오염 물질을 뿌려 놓아 강물이 붉은색으로 변했어. 어떤 부대를 출동시키면 될까? 이유도 알려 줄래? 세균 부대를 출동시키자. 왜 냐하면 세균은 빠르게 증식해서 기름이나 오염된 물질을 분해하는 특성이 있잖아. 그래서 하수처리장의 물도 깨끗하게 해 주지. 자, 빨리 세균 부대를 출동시키자!

위급 상황 2 악당 몬스터가 공기를 오염시켜 산소가 부족해 숨을 쉴 수가 없어. 어떤 부대를 출동시키면 될까? 이유도 알려 줄래?

위급 상황 3 몬스터 일당이 땅에 음식물 쓰레기를 가득 뿌려 놓았어. 어떤 부대를 출동시키면 될까? 이유도 알려 줄래?

4단원 | 다양한 생물과 우리 생활

어휘 놀이터

여기는 미생물 체험 공원입니다. 친구들의 대화를 잘 읽고 말풍선 속 네모 안에 들어갈 알맞은 말을 써넣으세요. 그리고 그 말을 퍼즐에서 지운 후 남은 글자를 적어 보세요.

미	생	물	농	약	아
원	생	생	물	발	효
균	사	포	자	세	균
항	생	제	현	미	경
고	마	워	광	합	성

남은 글자

◯ ◯ ◯ ◯

◯ ◯ ◯

스스로 생각하기

하롱이가 하루 동안 엄마와 나눈 대화를 보면 미생물이 우리 삶과 얼마나 밀접한 관계가 있는지 알 수 있답니다. 여러분이 하롱이의 엄마가 되어 조건에 맞게 물음에 답해 주세요.

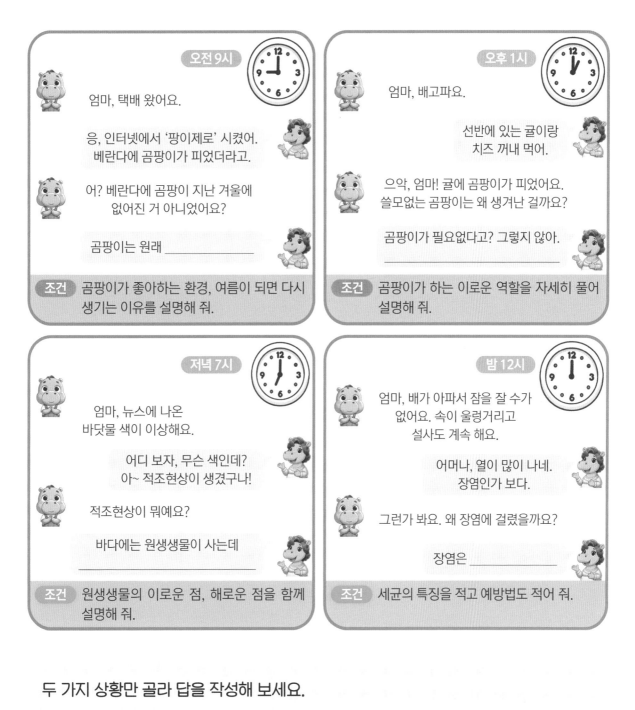

오전 9시

엄마, 택배 왔어요.

응, 인터넷에서 '팡이제로' 시켰어. 베란다에 곰팡이가 피었더라고.

어? 베란다에 곰팡이 지난 겨울에 없어진 거 아니었어요?

곰팡이는 원래 _____

조건 곰팡이가 좋아하는 환경, 여름이 되면 다시 생기는 이유를 설명해 줘.

오후 1시

엄마, 배고파요.

선반에 있는 귤이랑 치즈 꺼내 먹어.

으악, 엄마! 귤에 곰팡이가 피었어요. 쓸모없는 곰팡이는 왜 생겨난 걸까요?

곰팡이가 필요없다고? 그렇지 않아. _____

조건 곰팡이가 하는 이로운 역할을 자세히 풀어 설명해 줘.

저녁 7시

엄마, 뉴스에 나온 바닷물 색이 이상해요.

어디 보자, 무슨 색인데? 아~ 적조현상이 생겼구나!

적조현상이 뭐예요?

바다에는 원생생물이 사는데 _____

조건 원생생물의 이로운 점, 해로운 점을 함께 설명해 줘.

밤 12시

엄마, 배가 아파서 잠을 잘 수가 없어요. 속이 울렁거리고 설사도 계속 해요.

어머나, 열이 많이 나네. 장염인가 보다.

그런가 봐요. 왜 장염에 걸렸을까요?

장염은 _____

조건 세균의 특징을 적고 예방법도 적어 줘.

두 가지 상황만 골라 답을 작성해 보세요.

1 (   )시 상황 : _____

_____

2 (   )시 상황 : _____

_____

어휘 사전

1단원

01 | 자석과 자석의 극에 대해 알아볼까요?

자석
철을 끌어당기는 자기를 띤 물체
바닥에 떨어진 철 못을 찾으려고 자석을 꺼내왔습니다.

물체
구체적인 모양을 지니고 공간을 차지하고 있는 것
물체는 여러 가지 물질로 이루어져 있다.

알루미늄
은백색의 가볍고 부드러운 금속 원소
시원한 음료수를 마시고 알루미늄 캔 용기류에 분리수거를 했다.

자석의 극
자석에서 자력이 가장 센 양쪽의 끝
자석의 극에는 N극과 S극 두 가지가 있다.

막대자석
막대 모양의 길쭉한 자석
모래 놀이터에서 쇠구슬을 잃어버려서 막대자석을 이용해서
찾았다.

말굽자석
말굽 모양으로 구부려 만든 자석
책상 위에 알파벳 U자처럼 생긴 자석을 찾아봐. 그 자석이
말굽자석이야.

N극
자석에서 북쪽을 가리키는 부분
자석의 N극과 N극을 가까이하면 서로 밀어낸다.

S극
자석에서 남쪽을 가리키는 부분
자석의 S극과 N극을 가까이하면 서로 끌어당긴다.

| 작용 | 어떤 힘이나 영향을 미쳐 결과가 나타나는 것 |
| | 회장 선거에 친구들의 감정이 작용한다는 사실을 알게 되었다. |

| 끌어당기다 | 끌어서 가까이 오게 하다. 유 끌다, 끌어오다 |
| | 수업이 시작되어 의자를 끌어당겨 앉았다. |

02 자석의 쓰임에 대해 알아볼까요?

| 일정하다 | 어떤 것의 크기, 모양 따위가 하나로 정해져 있다. 유 가지런하다, 고르다 |
| | 우리가 만든 쿠키의 크기가 일정하다. |

| 성질 | 사물이나 현상이 가지고 있는 고유의 특성 |
| | 물은 기름과 섞이지 않는 성질이 있다. |

| 이용 | 어떤 것을 사용하거나 활용하는 것 유 사용 |
| | 나는 도서관 이용을 잘한다. |

| 도구 | 일을 할 때 쓰는 연장들을 이르는 말 |
| | 사람들은 동물과 다르게 도구를 사용할 줄 안다. |

| 나침반 | 자석이 일정한 방향을 가리키는 성질을 이용하여 방향을 찾을 수 있도록 만든 도구 |
| | 아빠는 길을 찾기 위해 나침반을 꺼냈다. |

| 평평하다 | 바닥의 높낮이가 없이 고르고 판판하다. 유 편평하다, 평편하다 |
| | 물체가 평평하면 그 위에 물이 고이지 않는다. |

다트	원반 모양의 과녁에 시계의 눈금처럼 점수가 쓰여 있고, 화살을 던져 맞힌 점수로 승패를 가리는 놀이 다트 게임은 친구들과 함께하기 좋은 놀이이다.
매듭	노끈, 실 따위를 잡아매어 마디를 이룬 것 엄마에게 매듭을 풀어 달라고 부탁했다.
공중	하늘과 땅 사이의 빈 곳 공중에서 마음껏 날아다니는 새를 발견했다.
지구본	지구를 본떠 만든 모형 선생님과 함께 나는 지구본에서 우리나라를 찾아보았다.

2단원

01 | 물의 상태 변화를 관찰해 볼까요?

상태	물건이나 현상이 놓여 있는 모양이나 형편 어제 마트에서 산 토마토는 상태가 좋다.
무게	물체의 무겁고 가벼운 정도 ㈌ 중량 책을 많이 넣었더니 가방의 무게가 무거워졌다.
부피	물체나 물질이 차지하는 공간의 크기 물은 고체인 얼음이 되면 딱딱해지고 부피가 늘어난다.

| 틀 | 어떤 물건을 만들 때 일정한 모양이 되는 물건 |
| | 반죽을 식빵 틀에 담아 구웠더니 모양이 예쁜 식빵이 되었다. |

| 볼록 | 물체가 겉으로 도드라지게 튀어 나온 모양 |
| | 우유를 먹은 아기의 배가 볼록하게 나왔다. |

| 튀어나오다 | 안에서 밖으로 조금 나오다. |
| | 책상 서랍 사이로 쪽지 하나가 튀어나와 있었다. |

| 현상 | 어떤 일이 실제로 일어나거나 나타나는 것 |
| | 빙하가 녹는 이유는 지구 온난화 현상 때문이라고 한다. |

| 기포 | 고체나 액체 속에 작은 방울처럼 기체가 들어가 있는 것 |
| | 잠수할 때 숨을 내쉬면 기포가 생긴다. |

| 미세하다 | 눈에 잘 보이지 않을 정도로 작다. |
| | 공기 중에는 미세한 먼지가 떠 있어 숨을 쉴 때 들어올 수 있다. |

| 식수 | 마실 수 있는 물, 마시는 물 |
| | 산에서 흐르는 물은 깨끗해서 식수로 사용할 수 있다. |

| 확보 | 반드시 가지도록 하거나 잃지 않도록 하는 것 |
| | 태풍이 오기 전에 먹을 것과 식수를 확보해야 한다. |

01 | 흐르는 물의 작용과 강 주변 지형의 특징을 관련지어 볼까요?

조각가

조각을 전문적으로 하는 사람

내 동생은 유명한 조각가가 되는 것이 장래 희망이라고 한다.

침식

자연 현상으로 인해 지표를 깎는 일

동해안 해변의 모래가 파도에 의한 침식으로 절벽이 생겨나고 있다.

퇴적

겹겹이 많이 쌓임

부산의 동백섬은 오랜 세월 퇴적 작용으로 인해 육지와 연결되었다.

강폭

강의 너비를 이르는 말로, 강을 가로질러서 잰 길이

서울 한강의 강폭은 무려 1km에 달한다.

경사

기울어진 정도

등산 초보자는 경사가 낮은 등산을 추천한다.

가파르다

산 또는 길 등이 몹시 기울어져 있다. 🔵급하다

남한산성으로 올라가는 등산로가 가파르다.

지형

땅의 생긴 모양

댐을 건설하여 지형 변화를 일으켰다.

완만하다

기울어진 정도가 급하지 않다.

정상을 찍고 내려오는 길은 비교적 완만하다.

평평하다	바닥이 고르고 높낮이가 없는 것 유 납작하다 집을 지을 때는 땅을 평평하게 다지는 일이 제일 먼저 할 일이다.
형성되다	어떤 형상이 생기다. 움푹 들어간 지형에 폭우가 쏟아지면서 커다란 호수가 형성되었다.

02 | 화산 활동으로 만들어지는 물질과 우리에게 미치는 영향을 알아볼까요?

끈적하다	달라붙을 만큼 끈끈하다. 사탕이 녹아서 끈적끈적하다.
분출하다	액체나 기체 상태의 물질이 안에서 밖으로 솟구쳐서 뿜어져 나오다. 하와이섬에 위치한 화산 분화구에서 용암이 분출한다는 뉴스를 보았다.
지표	땅의 표면 또는 지구의 표면 지표에 흘러나온 용암이 굳어서 현무암이 되었다.
운항	배나 비행기가 정해진 길을 오고 가는 것 유 운행 폭우로 중단되었던 항공편이 날씨가 좋아지면서 운항을 재개했다.
위협하다	무서운 말이나 행동으로 상대방이 두려움을 느끼게 하다. 유 협박하다 부실 공사로 안전을 위협받고 있다.
온천	지열로 인해 지하수가 데워져 솟아 나오는 샘 이번 겨울에는 따뜻한 온천이 있는 곳으로 여행을 가기로 했다.

기름지다

땅의 영양분이 풍부하여 작물이 잘 자랄 수 있다.

땅이 기름진 곳에서 식물이 잘 자란다.

03 | 지진이 발생하는 원인과 대처하는 방법은 무엇일까요?

지각

지구의 바깥 부분

지구의 가장 바깥층인 지각은 단단한 암석층으로 이루어져 있다.

판

지각과 상부 맨틀을 포함한 암석권

지구의 지각판은 지속적으로 움직이고 있다.

심각하다

상태나 정도가 매우 깊다.

강원도에서 일어난 산불의 피해가 심각하다.

예고

미리 알리는 것

갑작스러운 눈으로 산사태가 생길 수도 있다는 예고가 있었다.

평소

보통 때

평소에는 안전했던 곳도 지진이 일어나면 위험할 수 있다.

대비

앞으로 일어날 일을 위해 미리 준비하는 것

정전을 대비해서 손전등이나 초를 미리 준비하는 것이 필요하다.

대피

피해를 입지 않도록 임시로 피함

불이 나면 방화문을 통해 대피해야 한다.

대처

어떤 일에 대해 알맞은 조치를 취하는 것

소방관은 침착한 대처로 물에 빠진 사람을 구했다.

차단하다	통로를 막아서 통하지 못하게 하다.
	추운 겨울에 문틈으로 들어오는 바람을 차단해야지 방 온도를 높일 수 있다.
잦아들다	점점 줄어들어 잠잠해지다.
	세차게 내리던 비가 점차 잦아들고 햇빛이 나고 있다.
통로	통해서 오고 가는 길
	할아버지 댁에는 나밖에 모르는 비밀 통로가 있다.
확보하다	확실하게 가지다.
	무인도에 간다면 제일 먼저 식수를 확보해야 한다.
여진	큰 지진이 일어난 후에 얼마 동안 일어나는 지진
	중국에서 발생한 지진으로 피해가 큰 가운데 여진이 계속해서 이어지고 있다.
승강기	동력을 이용하여 사람이나 화물을 위아래로 운반하는 장치
	불이 났을 때는 승강기를 타지 않고 계단으로 대피해야 한다.
공공 기관	국가의 감독 아래 여러 사람과 관계된 일을 처리하는 기관
	시민 단체가 공공 기관에 요구하여 지역 사회 문제 해결에 참여하였다.

01 | 우리 주변에 사는 다양한 생물에는 무엇이 있을까요?

생물

살아 있는 모든 것

우리 주변에서 볼 수 있는 동물, 식물, 곤충, 물고기 등은 모두 생물이다.

분류

어떤 것들을 비슷한 특징에 따라 그룹으로 나누는 것

도서관 책은 주제별로 분류되어 있다.

양분

식물이나 동물이 성장하거나 생존하는 데 필요한 영양소나 에너지

양분은 식물이 자랄 때 필요한 영양소를 제공한다.

단세포

하나의 세포로 이루어진 생물

이스트는 단세포 생물로, 빵을 부풀게 하거나 술을 발효시키는 데 사용된다.

엽록체

식물 세포와 일부 단세포 생물의 세포 내에 있는 작은 기관

엽록체는 태양빛을 흡수하여 식물이 에너지를 생산하는 곳이다.

광합성

식물이 빛과 이산화탄소와 물을 사용하여 산소와 포도당(당분)을 만드는 과정

식물은 광합성을 통해 산소를 만들어 낸다.

맨눈

안경이나 망원경, 현미경 따위를 이용하지 아니하고 직접 보는 눈

그 물체는 맨눈으로 보기에 너무 작다.

분해

죽은 식물이나 동물의 몸을 작은 부분으로 쪼개어 원래의 물질로 변화시키는 과정

미생물은 음식물 쓰레기를 분해하여 자연에 유익한 물질로 바꾼다.

해롭다

나쁜 영향이나 해를 끼친다. 🇾 나쁘다, 불리하다, 불이익하다.

핸드폰을 오랫동안 사용하면 눈 건강에 해롭다.

증식

무언가가 늘어서 더 많아짐. 또는 늘려서 많게 함

이 세균은 빠른 속도로 증식하여 음식을 부패시킨다.

적조현상

미생물이나 다른 유기물의 과도한 증식으로 인해 물이 붉은색을 띠게 되는 현상

적조현상이 일어나면 물이 붉은빛을 띤다.

해충

인간의 생활에 해를 끼치는 벌레

해충은 식물에 피해를 주어 농작물이 자라기 어렵게 만든다.

당

주로 당류(糖類)를 가리킴. 당분이라고도 불리는 탄수화물 중 하나

과도한 당 섭취는 당뇨병과 같은 질병을 불러온다.

성분

어떤 물질이나 물체를 이루는 부분이나 구성 요소

이 화장품은 천연 성분으로 만들어져 피부에 부담을 주지 않는다.

추출

어떤 것에서 필요한 부분을 뽑아내는 것

식물의 잎에서 사람의 몸에 이로운 물질을 추출한다.

친환경

환경을 보호하고 자연을 해치지 않도록 하는 일

자연을 훼손하지 않으려면 친환경 제품을 사용해야 한다.

정답

1단원 - 자석의 이용

01 자석과 자석의 극에 대해 알아볼까요?

21쪽 - 생각 열기

🍚 콩쥐는 곰곰이 생각해 본 후 서랍 속에서 물건 하나를 꺼내 왔습니다. 그리고 그 물건으로 "이까짓 거 문제없어!" 하면서 콩을 고르기 시작했습니다.

내가 콩을 쉽게 골라낼 수 있었던 것은 **자석** 덕분이야.
바로 **자석**의 철을 끌어당기는 성질을 이용한 거야

24쪽 - 내용이 쏙쏙

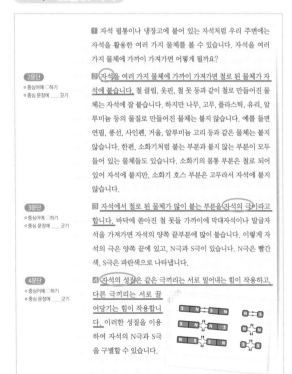

1 자석 필통이나 냉장고에 붙어 있는 자석처럼 우리 주변에는 자석을 활용한 여러 가지 물체를 볼 수 있습니다. 자석을 여러 가지 물체에 가까이 가져가면 어떻게 될까요?

2문단
○ 중심어에 ○하기
○ 중심 문장에 ___ 긋기

2 자석을 여러 가지 물체에 가까이 가져가면 철로 된 물체가 자석에 붙습니다. 철 클립, 옷핀, 철 못 등과 같이 철로 만들어진 물체는 자석에 잘 붙습니다. 하지만 나무, 고무, 플라스틱, 유리, 알루미늄 등의 물질로 만들어진 물체는 붙지 않습니다. 예를 들면 연필, 풍선, 사인펜, 거울, 알루미늄 고리 등과 같은 물체는 붙지 않습니다. 한편, 소화기처럼 붙는 부분과 붙지 않는 부분이 모두 들어 있는 물체들도 있습니다. 소화기의 몸통 부분은 철로 되어 있어 자석에 붙지만, 소화기 호스 부분은 고무라서 자석에 붙지 않습니다.

3문단
○ 중심어에 ○하기
○ 중심 문장에 ___ 긋기

3 자석에서 철로 된 물체가 많이 붙는 부분을 자석의 극이라고 합니다. 바닥에 쏟아진 철 못들 가까이에 막대자석이나 말굽자석을 가져가면 자석의 양쪽 끝부분에 많이 붙습니다. 이렇게 자석의 극은 양쪽 끝에 있고, N극과 S극이 있습니다. N극은 빨간색, S극은 파란색으로 나타냅니다.

4문단
○ 중심어에 ○하기
○ 중심 문장에 ___ 긋기

4 자석의 성질은 같은 극끼리는 서로 밀어내는 힘이 작용하고, 다른 극끼리는 서로 끌어당기는 힘이 작용합니다. 이러한 성질을 이용하여 자석의 N극과 S극을 구별할 수 있습니다.

25쪽 - 그래픽 조직자

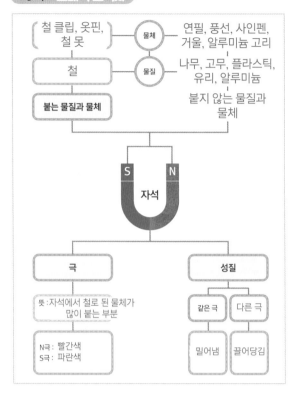

철 클립, 옷핀, 철 못 ─ 물체 ─ 연필, 풍선, 사인펜, 거울, 알루미늄 고리

철 ─ 물질 ─ 나무, 고무, 플라스틱, 유리, 알루미늄

붙는 물질과 물체 / 붙지 않는 물질과 물체

S N 자석

극
뜻 : 자석에서 철로 된 물체가 많이 붙는 부분
N극 : 빨간색
S극 : 파란색

성질
같은 극 / 다른 극
밀어냄 / 끌어당김

27쪽 - 기억 꺼내기

알루미늄 캔 / 연필 / 철 못 / 풍선 / 사인펜 / 옷핀 / 철 클립 / 나사 / 철 용수철 / 지우개 / 가위 / 거울 / 알루미늄 고리

02 자석의 쓰임에 대해 알아볼까요?

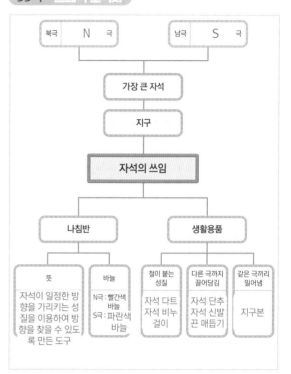

♠ 자석은 N극, S극 두 개의 극을 갖고 있습니다. 지구도 자석이기 때문에 북쪽은 S극, 남쪽은 N극의 성질을 띱니다. 자석은 같은 극끼리는 밀어내고, 다른 극끼리는 끌어당기는 성질을 갖고 있기 때문에 지구의 북쪽은 자석의 N극을, 지구의 남쪽은 자석의 S극을 끌어당기고 있답니다.

자철광 : 자석 성질을 띤 물질

아빠, 그 먼 곳까지 어떻게 길을 잃지 않고 갈 수 있어요?

지구는 아주 커다란 자석과 같아. 그리고 철새들의 머릿속에는 자석의 성질을 띤 **자철광**이 들어 있단다. 그것이 방향을 찾을 수 있도록 **나 침 반** 의 역할을 하는 거야. 그래서 길을 잃지 않고 잘 갈 수 있으니 아무 걱정 말아라!

저기가 북쪽이다!

1문단
◦ 중심어에 ◯하기
◦ 중심 문장에 ＿＿ 긋기

1 지구상에 가장 큰 자석은 지구입니다. 지구의 북쪽 끝(북극)은 자석의 S극과 같은 성질을 가지고 있고, 남쪽 끝(남극)은 자석의 N극과 같은 성질을 가지고 있습니다. 그래서 막대자석을 실에 매달아 보면, N극은 항상 북쪽을 가리키고 S극은 남쪽을 가리킵니다. 이것은 지구가 거대한 자석이기 때문입니다.

2문단
◦ 중심어에 ◯하기
◦ 중심 문장에 ＿＿ 긋기

2 자석이 일정한 방향을 가리키는 성질을 이용하여 방향을 찾을 수 있도록 만든 도구를 나침반이라고 합니다. 나침반의 바늘은 작은 자석입니다. 나침반 바늘의 빨간색 부분은 자석의 N극과 같고, 파란색 부분은 자석의 S극과 같습니다. 바닥이 평평한 곳에 나침반을 놓으면 빨간색 바늘은 항상 북쪽, 파란색 바늘은 남쪽을 가리킵니다. 우리가 길을 잃었거나, 가고 싶은 방향을 찾을 때 나침반을 이용하면 쉽게 길을 찾을 수 있습니다.

3문단
◦ 중심어에 ◯하기
◦ 총심 문장에 ＿＿ 긋기

3 자석은 철에 붙거나 자석끼리 밀고 당기는 성질이 있습니다. 우리는 이 성질을 이용하여 일상생활에 편리한 여러 가지 도구를 만들어 사용합니다. 철에 붙는 성질을 이용한 생활용품에는 자석 다트와 자석 비누 걸이 등이 있습니다. 다른 극끼리 끌어당기는 성질을 이용한 것에는 자석 단추와 자석 신발끈 매듭기 등이 있습니다. 또한 같은 극끼리 밀어내는 성질을 이용한 것에는 공중에 둥둥 떠 있는 지구본 등이 있습니다.

북극 N 극   남극 S 극

가장 큰 자석

지구

자석의 쓰임

나침반		생활용품		
뜻	바늘	철이 붙는 성질	다른 극까지 끌어당김	같은 극끼리 밀어냄
자석이 일정한 방향을 가리키는 성질을 이용하여 방향을 찾을 수 있도록 만든 도구	N극 : 빨간색 바늘 S극 : 파란색 바늘	자석 다트 자석 비누 걸이	자석 단추 자석 신발끈 매듭기	지구본

우리 집을 어떻게 찾아야 하지?

북쪽으로 가기만 하면 될 것 같은데... 그 방법을 잘 모르겠어.

정답 기준 : 자석, 실을 이용하는 내용이 담겨 있으면 됩니다.

예시1) 실로 자석을 묶어서 공중에 띄웠을 때, N극이 가리키는 곳으로 가면 된단다.

예시2) 실에 막대자석을 매달아 놓고 움직임을 보렴. N극은 북쪽을 가리키고 S극은 남쪽을 가리키니깐 막대자석의 방향을 보고 가면 된단다.

예시3) 자석에 실을 매달아 빨간색 N극이 가리키는 방향으로 가렴. 지구는 거대한 자석이고 자석이 가리키는 방향은 항상 일정하니깐 N극은 북쪽을 가리킨단다.

자석	철을 끌어당기는 성질을 가진 물체
철	금속 중 하나로, 쇠와 같은 말 예 자석은 ○을 끌어당기는 물체이다.
극	자석의 양쪽 끝 또는 철을 세게 끌어당기는 부분을 자석의 ○이라고 한다.
N극	자석의 빨간 부분으로 북쪽을 가리킨다.
S극	자석의 파란 부분으로 남쪽을 가리킨다.
나침반	자석이 일정한 방향을 가리키는 성질을 이용하여 방향을 찾을 수 있도록 만든 도구

예시1) 자석은 첫 번째, 서로 다른 두 가지의 극을 가지고 있습니다. 이 극은 다르면 끌어당기고, 같으면 밀어냅니다. 두 번째, 자석은 늘 일정한 방향을 가리킵니다. 그래서 길을 찾을 때 도와주는 나침반의 원리가 바로 이 성질을 이용해서 만든 물건입니다. 세 번째, 자석의 성질을 이용한 용품으로는 다른 극끼리 끌어당기기 성질을 이용해서 자석 다트, 자석 비누 걸이, 자석 단추 등의 생활용품이 있습니다. 같은 극끼리 밀어내는 성질을 이용한 생활용품으로는 공중에 든 지구본이 있습니다.

예시2) 자석은 철에 붙는 성질이 있습니다. 이 성질을 이용해 자석 비누 걸이를 만들면 비누가 녹아내리지 않아요. 또 자석은 다른 극을 끌어당기는 성질이 있어요. 이 원리를 이용해 자석 신발끈 매듭기를 만들면 신발 끈을 쉽게 고정할 수 있어요. 마지막으로 자석은 같은 극끼리 밀어내는 성질이 있어요. 이 원리로 만든 것은 공중에 뜬 지구본이 있어요.

2단원 – 물의 상태 변화

01 물의 상태 변화를 관찰해 볼까요?

예시1) 물병이 터진 이유는 물이 얼면 얼음이 되는데 얼음은 무게는 변하지 않지만, 부피는 늘어나기 때문이야.

예시2) 물병이 터진 이유는 물이 얼면 얼음이 되는데 얼음은 단단해. 물병 안에 물이 가득하면 단단한 얼음이 되면서 커졌기 때문이야.

1문단
○중심어에 ○하기
○중심 문장에 ___긋기

❶ 우리가 마시는 물은 고체, 액체, 기체의 세 가지 상태로 존재합니다. 추운 겨울날 호수에 얼어붙은 얼음은 물의 고체 상태이며, 우리가 마시는 물은 액체 상태입니다. 기체 상태의 수증기는 보이지 않지만, 공기 중에 퍼져 있습니다. 이처럼 물은 서로 다른 상태로 변할 수 있는데, 이를 물의 상태 변화라고 합니다.

2문단
○중심어에 ○하기
○중심 문장에 ___긋기

❷ 물은 얼거나 녹더라도 무게는 변하지 않지만 부피는 변합니다. 물이 얼면 부피가 늘어나기 때문에, 얼음 틀에 물을 가득 채워 얼리면 얼음이 볼록하게 튀어나오는 것을 볼 수 있습니다. 이는 물이 얼면서 부피가 늘어났기 때문입니다. 반대로 얼음이 녹으면 부피는 줄어듭니다.

3문단
○중심어에 ○하기
○중심 문장에 ___긋기

❸ 물은 증발과 끓음을 통해 기체 상태인 수증기로 변할 수 있습니다. 젖은 빨래가 마르는 것은 빨래에 있는 물이 수증기로 변하여 날아갔기 때문입니다. 이처럼 물이 표면에서 천천히 수증기로 변하는 현상을 증발이라고 합니다. 라면을 끓일 때 물속에서 기포가 생겨 물 위로 올라오는데, 이 기포는 물이 수증기로 변한 것입니다. 이와 같이 물 표면과 물속에서 물이 수증기로 빠르게 변하는 현상을 끓음이라 합니다.

4문단
○중심어에 ○하기
○중심 문장에 ___긋기

❹ 수증기는 응결을 통해 액체 상태의 물로 변할 수 있습니다. 예를 들면 차가운 컵 표면에 물방울이 맺히는 것은 공기 중의 수증기가 차가운 컵의 표면에 닿아 식으면서 물로 변한 것입니다.

5문단
○중심어에 ○하기
○중심 문장에 ___긋기

❺ 우리는 일상생활에서 다양한 방식으로 물의 상태 변화를 활용합니다. 겨울에는 물을 미세한 물방울로 만들어 인공 눈을 만들며, 물이 부족한 지역에서는 공기 중의 수증기를 물로 변화하는 장치를 이용해 식수를 확보하기도 합니다.

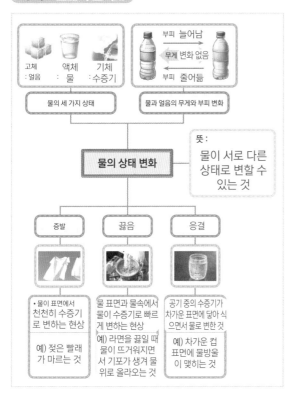

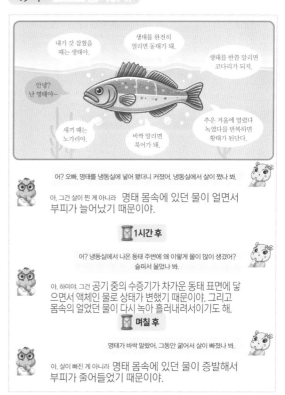

3단원 - 땅의 변화

01 흐르는 물의 작용과 강 주변 지형의 특징을 관련지어 볼까요?

53쪽 - 생각 열기

탐정님, 우리 마을 보석산이 특히 여름만 되면 점점 보석들이 깎여 줄어들고 있어요. 누가 훔쳐가는지 찾아 주세요.

탐정님, 우리 마을 계곡에 보석이 둥둥 떠내려가고 있어요. 이게 무슨 일인지 알아봐 주세요.

탐정님, 우리 마을에 누가 갖다 놓는지 자꾸 보석들이 쌓이네요. 누구 짓인지 알아봐 주세요.

하롱 탐정은 며칠 동안 보석산을 살펴보다 드디어 범인을 찾아냈어요.

그 범인은 바로 사람이 아니라 ___흐르는 물___ 이었어요.

그리고 이런 일이 일어난 까닭은 흐르는 물이 보석산을 깎고, 그것들을 낮은 곳으로 옮기는데, 운반된 보석들이 하류에 쌓여 머물게 되기 때문이었어요.

56쪽 - 내용이 쏙쏙

1문단

○ 중심어에 ○하기
○ 중심 문장에 ___긋기

① 물은 땅의 모습을 끊임없이 바꾸는 자연의 조각가입니다. 흐르는 물은 바위나 돌을 깎아 내어 작은 돌멩이나 흙으로 만드는 침식 작용을 하고, 그것들을 낮은 곳으로 옮기는 운반 작용을 합니다. 또한 운반된 돌이나 흙을 쌓아 새로운 지형을 만들어 내는 퇴적 작용도 합니다. 다시 말해 물은 침식, 운반, 퇴적 작용으로 땅의 모습을 끊임없이 변화시킵니다.

2문단

○ 강 상류
| 침식 | 작용

② 강의 상류는 강폭이 좁고 경사가 가팔라서 물이 아주 빠르게 흐릅니다. 빠르게 흐르는 물은 자갈이나 큰 돌을 깎아 내는 침식 작용을 합니다. 이 침식 작용으로 폭포나 계곡과 같은 멋진 지형이 만들어집니다.

3문단

○ 강 중류
| 운반 | 작용

③ 강 중류에서는 강 상류의 침식 작용으로 만들어진 작은 돌이나 흙 등이 흐르는 강물을 따라 이동합니다. 즉, 돌과 흙이 하류로 옮겨지는 운반 작용이 일어납니다.

4문단

○ 강 하류
| 퇴적 | 작용

④ 강 하류로 갈수록 강폭은 넓어지고 경사가 완만해지면서 물 흐름이 느려집니다. 이때 강의 하류에서는 강의 상류와 중류에서 운반된 흙과 모래가 쌓이는 퇴적 작용이 일어납니다. 이러한 퇴적 작용 덕분에 강 하류에는 넓고 평평한 땅과 모래사장이 형성됩니다.

5문단

○ 중심어에 ○하기
○ 중심 문장에 ___긋기

⑤ 이처럼 강 주변의 지형은 흐르는 강물의 침식 작용, 운반 작용, 퇴적 작용으로 오랜 시간에 걸쳐 그 모습이 서서히 변해갑니다. 물의 끊임없는 움직임은 우리 주변의 자연환경에 놀라운 변화를 만들어 냅니다.

57쪽 - 그래픽 조직자

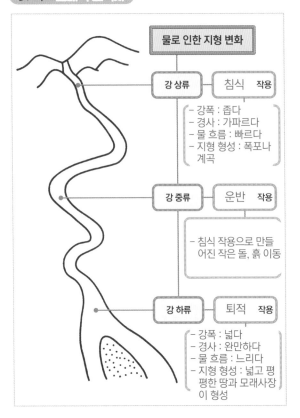

물로 인한 지형 변화

강 상류 — 침식 작용
- 강폭 : 좁다
- 경사 : 가파르다
- 물 흐름 : 빠르다
- 지형 형성 : 폭포나 계곡

강 중류 — 운반 작용
- 침식 작용으로 만들어진 작은 돌, 흙 이동

강 하류 — 퇴적 작용
- 강폭 : 넓다
- 경사 : 완만하다
- 물 흐름 : 느리다
- 지형 형성 : 넓고 평평한 땅과 모래사장이 형성

59쪽 - 기억 깨내기

작품 번호 [2][4][6]
상류 작가
[강폭, 경사, 물 흐름, 침식 작용]

강폭이 좁고 경사가 가팔라서 물이 빠르게 흐릅니다. 빠르게 흐른 물은 자갈이나 큰 돌을 깎아 내리는 침식 작용을 합니다.

작품 번호 [1][3][5]
하류 작가
[강폭, 경사, 물 흐름, 퇴적 작용]

강 하류로 내려갈수록 강폭은 넓어지고 경사가 완만해지면서 물 흐름이 느려집니다. 강 상류에서 운반된 흙과 모래가 쌓이는 퇴적 작용이 일어납니다.

02 화산 활동으로 만들어지는 물질과 우리에게 미치는 영향을 알아볼까요?

61쪽 - 생각 열기

진짜 돌하르방이 어떤 것인지 판결을 내리겠다. 제주도를 대표하는 돌하르방은 바로 **3** 번이다. 왜냐하면 제주도는 화산섬이다. 그래서 이 돌하르방이 바로 제주도에서만 볼 수 있는 돌하르방이다.

그런데 왜 이 돌이 화산섬에서만 볼 수 있는 돌인가요?

그건 바로 현무암은 마그마가 지표로 분출되어 빠르게 식으면서 형성되는 화성암으로, 화산 활동이 활발한 지역에서 자주 발견되기 **때문이다.**

64쪽 - 내용이 쏙쏙

1문단
◦중심어에 ○하기
◦중심 문장에 ___ 긋기

1 땅속 깊은 곳에서 뜨거운 열로 암석이 녹으면 마그마가 만들어집니다. 이 마그마가 땅의 틈을 통해 밖으로 나오는 것을 화산 활동이라고 합니다. 화산 활동으로 만들어진 산을 (화산)이라 하며, 용암의 끈적한 정도에 따라 모양이 다양합니다. 화산 꼭대기에는 분화구가 생기기도 하는데, 여기에 물이 고이면 한라산의 백록담이나 백두산의 천지처럼 호수가 만들어지기도 합니다.

2문단
◦중심어에 ○하기
◦중심 문장에 ___ 긋기

2 화산 활동 시에는 여러 가지 물질들이 뿜어져 나오는데, 이를 (화산 분출물)이라 합니다. 화산 가스처럼 기체 상태로 나오는 것도 있고, 화산재나 암석 조각처럼 고체 상태로 나오는 것도 있고, 용암처럼 액체 상태로 나오는 것도 있습니다.

3문단
◦중심어에 ○하기
◦중심 문장에 ___ 긋기

3 마그마가 지표로 흘러나와 식거나 지하 깊은 곳에서 식으면 단단한 암석이 되는데 이를 (화성암)이라고 합니다. 대표적인 화성암으로는 현무암과 화강암이 있습니다. 현무암은 마그마가 지표 가까이에서 빠르게 식어 굳어진 암석으로, 알갱이 굵기가 작고 색깔이 어둡습니다. 현무암 중에는 마그마 속에 포함된 가스가 빠져나가면서 표면에 구멍이 뚫려 있는 것도 있습니다. 화강암은 마그마가 땅속 깊은 곳에서 천천히 식으면서 굳어진 암석으로, 알갱이 굵기가 현무암보다 크고 밝은색을 띕니다.

4문단
◦중심어에 ○하기
◦중심 문장에 ___ 긋기

4 (화산 활동)은 피해를 주기도 하지만 이로운 점도 있습니다. 화산 활동은 지진이나 산불을 일으킬 수 있으며, 화산재는 비행기 운항을 방해하고 농작물에 피해를 줄 뿐만 아니라, 호흡기 질환을 일으켜 건강을 위협할 수도 있습니다. 그러나 화산 주변의 아름다운 경관은 관광지로 활용될 수 있으며, 화산의 열은 온천 개발이나 전기를 만드는 데 이용됩니다. 또한, 화산재는 시간이 지나면서 토양을 기름지게 하여 농사에 도움이 되기도 합니다.

65쪽 - 그래픽 조직자

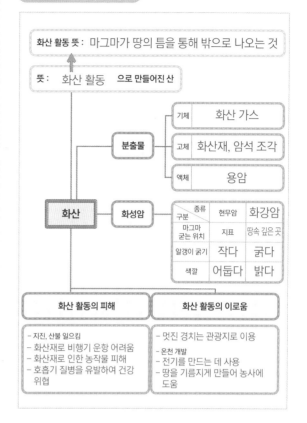

화산 활동 뜻 : 마그마가 땅의 틈을 통해 밖으로 나오는 것

뜻 : 화산 활동 으로 만들어진 산

분출물
- 기체: 화산 가스
- 고체: 화산재, 암석 조각
- 액체: 용암

화산

화성암

구분	종류	현무암	화강암
	마그마 굳는 위치	지표	땅속 깊은 곳
	알갱이 굵기	작다	굵다
	색깔	어둡다	밝다

화산 활동의 피해
- 지진, 산불 일으킴
- 화산재로 비행기 운항 어려움
- 화산재로 인한 농작물 피해
- 호흡기 질병을 유발하여 건강 위협

화산 활동의 이로움
- 멋진 경치는 관광지로 이용
- 온천 개발
- 전기를 만드는 데 사용
- 땅을 기름지게 만들어 농사에 도움

67쪽 - 기억 꺼내기

주상절리
푸른 제주 바다의 파도와 검은색 돌기둥이 줄지어 있는 모습이 장관이죠? 주상절리는 화산에서 분출된 뜨거운 용암이 바다로 흘러 들어가면서 급격히 식어 육각형이나 다각형 모양의 기둥이 생긴 것입니다.

한라산
[화산 활동, 분화구, 백록담]
화산 활동으로 꼭대기에 분화구가 생기기도 하는데 여기에 물이 고이면 한라산의 백록담처럼 아름다운 호수가 만들어집니다.

녹차밭, 과수원 등 농경지
[화산재, 땅, 기름지다]
화산재는 오랜 시간이 지나면서 땅을 기름지게 만듭니다.

돌하르방
[현무암, 마그마, 지표, 가스]
돌하르방은 현무암을 깎아서 만들었습니다. 현무암에 생긴 구멍은 마그마가 지표 가까이에서 식을 때 가스가 빠져나가면서 만들어진 것입니다. 이 때문에 돌하르방에는 구멍이 많이 뚫려 있습니다.

◯3 지진이 발생하는 원인과 대처하는 방법은 무엇일까요?

69쪽 - 생각 열기

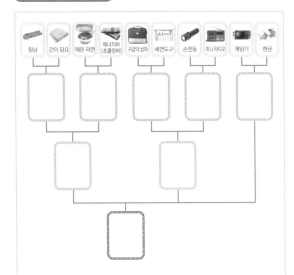

예시1) 마지막으로 에너지바를 결정한 이유는 생존할 수 있는 이유는 우리 몸에 최소한의 에너지원이 들어가야 버틸 수 있는데 그것이 에너지바이기 때문입니다.

예시2) 마지막으로 간이 담요를 결정한 이유는 우리 몸은 체온이 떨어지면 살 수 없기 때문에 체온 유지를 위해서 꼭 필요한 물건이기 때문입니다.

예시3) 마지막으로 구급약 상자를 결정한 이유는 갑자기 아플 때 약을 먹어야 버틸 수 있기 때문입니다.

예시4) 마지막으로 손전등을 결정한 이유는 사람이 있다는 것을 불빛으로 알려야 구조될 수 있기 때문입니다.

예시5) 마지막으로 미니 라디오를 결정한 이유는 라디오를 통해 최신 소식을 확인해야 하기 때문입니다.

72쪽 - 내용이 쏙쏙

1문단
◦중심어에 ◯하기
◦중심 문장에 ____ 긋기

2문단
◦중심어에 ◯하기
◦중심 문장에 ____ 긋기

3문단
◦중심어에 ◯하기
◦중심 문장에 ____ 긋기

4문단
◦중심어에 ◯하기
◦중심 문장에 ____ 긋기
◦지진 발생 시점에 □하기

1 지구는 여러 층으로 이루어져 있습니다. 그중 가장 바깥쪽에 있는 지각은 우리가 사는 땅과 바다 밑부분을 이루는 층입니다. 지각은 지구의 껍질과 같은 역할을 하며, 퍼즐 조각처럼 여러 개의 큰 판으로 나뉘어 있습니다. 이 판들은 서로 부딪히거나 밀고 당기면서 조금씩 움직입니다.

2 지각 안에는 흙, 모래, 돌 등이 오랜 시간 동안 층층이 쌓여 만들어진 지층이 있습니다. 이 지층은 지구 내부의 힘을 받으며, 시간이 지나면서 흔들리거나 끊어질 수 있습니다. 지층이 끊어지거나 변형될 때 땅이 흔들리는 현상을 지진이라고 합니다.

3 지진의 세기는 발생한 힘의 크기에 따라 규모로 나타냅니다. 규모의 숫자가 클수록 강한 지진입니다. 작은 규모의 지진은 땅이 살짝 흔들리는 정도이지만, 큰 규모의 지진은 건물이 무너지고 땅이 갈라지는 등 큰 피해를 줄 수 있습니다. 큰 지진이 발생하면 산사태나 화재가 발생하고, 도로가 끊어지는 등 심각한 피해가 발생할 수 있습니다.

4 지진은 예고 없이 발생하기 때문에 평소에 대비하는 것이 중요합니다. 평소에는 생존 가방을 준비하고, 지진 대피 훈련으로 안전하게 대처하는 방법을 익혀야 합니다. 지진이 발생하면 가스나 전기를 차단해 화재를 막고, 책상 밑으로 대피합니다. 큰 흔들림이 잦아들면 현관문을 열어 대피할 통로를 확보하고, 여진에 대비합니다. 흔들림이 멈춘 뒤에는 승강기를 이용하지 말고 계단을 이용해 밖으로 이동합니다. 운동장이나 공원처럼 넓은 대피 장소에 도착한 후에는 다친 사람이 있는지 확인하고 구조 요청을 해야 합니다. 그다음에는 라디오나 공공 기관의 안내 방송을 들으며 안전 지시에 따라 행동해야 합니다.

73쪽 - 그래픽 조직자

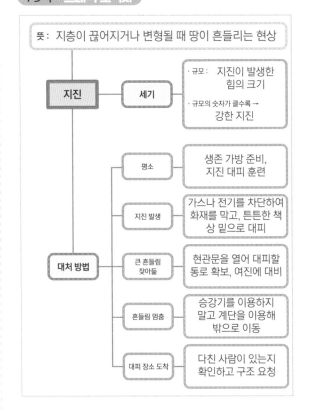

예시

아주머니가 요리를 하다 말고
놀라서 뛰쳐나가려고 해요.

잠깐! 가스불
끄고 전기를
차단시키고
나가세요.

집이 흔들리자 무서워서
침대 이불 속으로 들어가 있어요.

잠깐! 책상 아래로
들어가서 몸을
낮추고 머리를
보호하며 안전하게
기다리세요!

흔들림이 심해지자 빨리 피하려고
엘리베이터를 타러 달려가요.

잠깐! 건물의 벽이 무너
질 수 있으니, 넓고 안전
한 장소로 이동하는 것이
좋아요. 주변 상황을
잘 살피고 안전한 곳으로
대피하세요!

잠깐! 절대로 승강기를
타지 말고 계단으로 대피
해야 해요. 엘리베이터가
멈추거나 고장
날 수 있기 때문이에요!

잠깐! 다친 사람이
있는지 확인하고 구조
요청을 해요. 그 다음
에는 안내 방송을
들으며 지시에 따라
행동해요.

밖으로 나오자마자 벽에 기대 앉아
흔들림이 멈추길 기다리고 있어요.

대피 장소에 와서
친구와 수다를 떨고 있어요.

❶ 흐르는 물이 바위나 돌을 깎아 내어 작은 돌멩이나 흙으로 만드는 것을 ○○
작용이라고 합니다.

❷ 운반된 돌이나 흙을 쌓아 새로운 지형을 만들어 내는 것을 ○○ 작용이라고 합니다.

❸ 땅속 깊은 곳에서 뜨거운 열로 인해 암석이 녹으면 ○○○이 만들어집니다.

❹ 화산 활동 시 분출물이 나오는데, 액체 상태로 나오는 것을 ○○이라고 합니다.

❺ 화산 꼭대기에는 움푹 파인 ○○○가 생기기도 하는데, 여기에 물이 고이면 한라산의
백록담이나 백두산의 천지처럼 아름다운 호수가 만들어지기도 합니다.

❻ 흙, 모래, 돌 등이 오랜 시간 동안 층층이 쌓여 만들어진 것을 ○○이라고 합니다.

❼ 지층이 지구 내부에서 작용하는 힘을 받아 끊어지면서 땅이 흔들리는 것을
○○이라고 합니다.

자연재해 현장 속으로, VR체험관

우르르 쾅쾅, 화산은 폭발 중 ／ 콰지지지직, 지진 현장에서 대피 중

화산 폭발 현장 상황 ｜ 용암 ｜ 마그마 ｜ 화산재 ｜ 분화
지진 발생! 대피하는 방법 ｜ 생존 가방 ｜ 라디오 ｜ 계단 ｜ 전기 차단

- [누가, 언제, 어디서, 무엇을, 어떻게, 왜]를 생각하며 기사문을 작성해 보세요.

예시1) 저는 지금 화산 폭발 현장에 나와 있습니
다. 마그마가 지표로 분출하면서, 산 꼭대기에서
용암이 흘러내리고 있습니다. 또 화산에서 분출된
화산재로 인근 공항이 영향을 받아 항공기 운항이
어렵다는 소식이 있습니다. 화산 분화는 당분간 지
속될 것으로 예상되므로 시민 여러분은 신속히 대
피하시기 바랍니다. 지금까지 하마 뉴스의 하롱 기
자였습니다. 감사합니다.

예시2) 저는 지금 지진이 발생한 현장에 나와 있습
니다. 평소에 생존 가방을 준비한 시민분들은 신속
히 생존 가방을 챙기시길 바랍니다. 지진이 발생하
면 전기를 차단해 화재를 막고, 승강기를 이용하지
않고 계단을 이용해 밖으로 이동하시는 것이 안전
합니다. 안전하게 대피한 후에는 라디오를 통해
안내 방송을 들으면서 안전에 유의하기 바랍니다.
지금까지 하마 뉴스의 하롱 기자였습니다. 감사합
니다.

4단원 – 다양한 생물과 우리 생활

01 우리 주변에 사는 다양한 생물에는 무엇이 있을까요?

81쪽 – 생각 열기

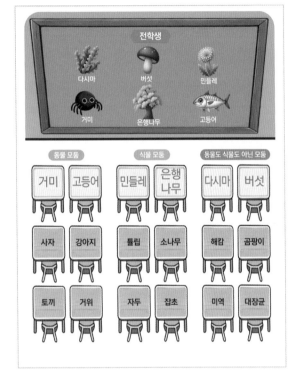

85쪽 – 그래픽 조직자

	동물도 식물도 아닌 생물		
	균류	원생생물	세균
종류	– 곰팡이 – 버섯	– 해캄 – 다시마 – 짚신벌레	– 젖산균 – 대장균 – 콜레라균
서식지	❶ – 습기 많은 곳 – 그늘진 따뜻한 곳	❶ – 연못, 고인 물, 물살이 느린 하천 – 바다(파래, 미역)	❶ – 공기, 흙, 물 – 동식물의 몸속 – 물건
특징	❷ 양분 얻는 법 – 죽은 생물 – 동물의 배설물 – 음식물 ❸ 균류의 구조 균사 + 포자(씨앗)	❷ 양분 얻는 법 – 광합성 ❸ 생김새 – 둥글고 길쭉한 모양에 잔털 (짚신벌레)	❷ 번식 – 영양분 풍부한 곳 → 짧은 시간 엄청 늘어남 ❸ 생김새 – 공 모양, 막대 모양, 나선 모양, 꼬리
관찰	실체 현미경	생물 현미경	특수 현미경

84쪽 – 내용이 쏙쏙

1문단
○중심어에 ○하기
○중심 문장에 ___ 긋기

2문단
○중심어에 ○하기
○중심 문장에 ___ 긋기
❶ [서식지]
❷ [양분 얻는 법]
❸ [균류의 구조]

3문단
○중심어에 ○하기
○중심 문장에 ___ 긋기
○제목 붙이기
❶ 서식지
❷ 원생생물의 양분 얻는 법
❸ 생김새

4문단
○중심어에 ○하기
○중심 문장에 ___ 긋기
○제목 붙이기
❶ 서식지
❷ 세균의 번식
❸ 생김새

 ❶ 우리 주변에는 다양한 생물이 살고 있습니다. 고양이나 거미 같은 동물도 있고 나무나 꽃 같은 식물도 있습니다. 하지만 동물이나 식물로 분류하기 어려운 생물도 있습니다. 동물도 식물도 아닌 생물에는 균류, 원생생물, 세균 등이 있습니다.

❷ 곰팡이나 버섯 같은 생물을 균류라고 합니다. ❶ 균류는 주로 습기가 많고 그늘진 따뜻한 곳에서 삽니다. ❷ 균류는 대부분 죽은 생물이나 동물의 배설물, 음식물에서 양분을 얻으며 살아갑니다. ❸ 균류를 실체 현미경으로 관찰하면 가늘고 긴 실 모양의 균사로 이루어져 있으며, 식물의 씨앗처럼 포자를 만들어 자손을 퍼뜨립니다.

❸ 해캄, 다시마, 짚신벌레 같은 단세포 생물을 원생생물이라고 합니다. ❶ 원생생물은 연못이나 고인 물, 물살이 느린 하천에서 주로 살고, 파래나 미역처럼 바다에 사는 원생생물도 있습니다. ❷ 원생생물 중에는 해캄처럼 엽록체를 가지고 있어, 광합성을 통해 스스로 양분을 만들어 내는 종류도 있습니다. ❸ 짚신벌레는 둥글고 길쭉한 모양에 잔털이 나 있습니다. 원생생물은 해캄, 다시마, 미역처럼 맨눈으로 볼 수 있는 것도 있지만, 짚신벌레, 유글레나처럼 생물 현미경으로 봐야 하는 것도 있습니다.

❹ 젖산균, 대장균, 콜레라균 같은 단세포 생물을 세균이라고 합니다. ❶ 세균은 공기, 흙, 물은 물론이고 동식물의 몸속이나 우리가 사용하는 물건에도 살고 있습니다. ❷ 세균은 지구에서 가장 오래된 생물로, 따뜻하고 영양분이 풍부한 곳에서는 짧은 시간에 엄청나게 많이 늘어납니다. ❸ 세균은 생김새에 따라 공 모양, 막대 모양, 나선 모양 등으로 구분하며 꼬리가 있는 세균도 있습니다. 세균은 다른 생물들보다 아주 작아서 특수 현미경으로 관찰해야 합니다.

87쪽 – 기억 꺼내기

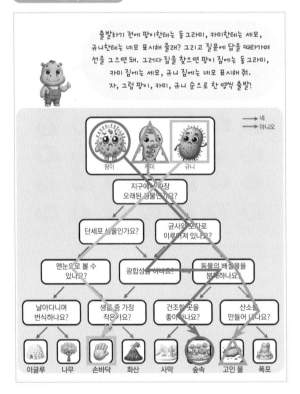

02 다양한 생물은 우리 생활에 어떤 영향을 미칠까요?

89쪽 - 생각 열기

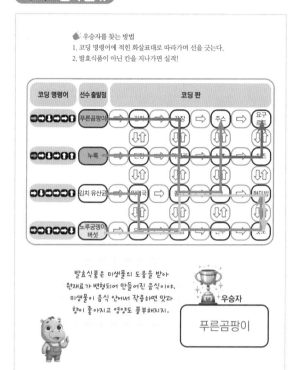

🍄우승자를 찾는 방법
1. 코딩 명령어에 적힌 화살표대로 따라가며 선을 긋는다.
2. 발효식품이 아닌 칸을 지나가면 실격!

발효식품은 미생물의 도움을 받아 원재료가 변형되어 만들어진 음식이야. 미생물이 음식 안에서 작용하면 맛과 향이 좋아지고 영양도 풍부해지지.

우승자

푸른곰팡이

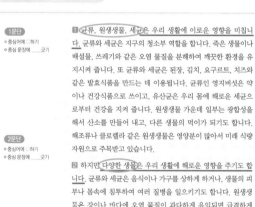

92쪽 - 내용이 쏙쏙

1문단
○중심어에 ○하기
○중심 문장에 ___ 긋기

■ 균류, 원생생물, 세균은 우리 생활에 이로운 영향을 미칩니다. 균류와 세균은 지구의 청소부 역할을 합니다. 죽은 생물이나 배설물, 쓰레기와 같은 오염 물질을 분해하여 깨끗한 환경을 유지시켜 줍니다. 또 균류와 세균은 된장, 김치, 요구르트, 치즈와 같은 발효식품을 만드는 데 이용됩니다. 균류인 영지버섯은 약이나 건강식품으로 쓰이고, 유산균은 우리 몸에 해로운 세균으로부터 건강을 지켜 줍니다. 원생생물 가운데 일부는 광합성을 해서 산소를 만들어 내고, 다른 생물의 먹이가 되기도 합니다. 해조류나 클로렐라 같은 원생생물은 영양분이 많아서 미래 식량 자원으로 주목받고 있습니다.

2문단
○중심어에 ○하기
○중심 문장에 ___ 긋기

② 하지만 다양한 생물은 우리 생활에 해로운 영향을 주기도 합니다. 균류와 세균은 음식이나 가구를 상하게 하거나, 생물의 피부나 몸속에 침투하여 여러 질병을 일으키기도 합니다. 원생생물은 강이나 바다에 오염 물질이 과다하게 유입되면 급격하게 증식하여 적조현상을 일으키기도 합니다. 이렇게 되면 다른 생물이 살기 어렵게 됩니다.

3문단
○중심어에 ○하기
○중심 문장에 ___ 긋기

③ 생명과학은 우리 생활에서 생긴 이런 문제를 해결하는 데 도움을 줍니다. 균류와 세균은 다른 생물의 성장을 억제하면서 빠르게 증식하는 특성이 있습니다. 이 특성을 이용해 세균 감염을 치료하는 항생제를 짧은 시간에 대량으로 생산할 수 있습니다. 또 균류나 세균 중에는 나무에 발생하는 질병이나 해충을 막는 것도 있습니다. 이를 이용해 생물농약을 만들기도 합니다. 세균은 기름이나 오염된 물질을 분해하는 데 사용되어 하수처리장의 물을 정화합니다. 원생생물에서 기름이나 당 성분을 추출하여 친환경 연료인 생물 연료를 만들거나, 해감처럼 광합성을 하는 원생생물로 자동차 연료를 생산하기도 합니다.

93쪽 - 그래픽 조직자

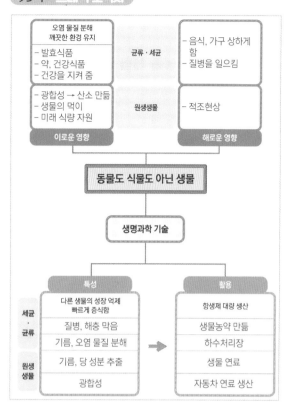

	이로운 영향	해로운 영향
균류·세균	오염 물질 분해 깨끗한 환경 유지 - 발효식품 - 약, 건강식품 - 건강을 지켜 줌	- 음식, 가구 상하게 함 - 질병을 일으킴
원생생물	- 광합성 → 산소 만듦 - 생물의 먹이 - 미래 식량 자원	- 적조현상

동물도 식물도 아닌 생물

생명과학 기술

	특성	활용
세균·균류	다른 생물의 성장 억제 빠르게 증식함	항생제 대량 생산
	질병, 해충 막음	생물농약 만듦
	기름, 오염 물질 분해	하수처리장
원생생물	기름, 당 성분 추출	생물 연료
	광합성	자동차 연료 생산

95쪽 - 기억 꺼내기

위급 상황 1 악당 몬스터가 강물에 오염 물질을 뿌려 놓아 강물이 붉은색으로 변했어. 어떤 부대를 출동시키면 될까? 이유도 알려 줄래? 세균 부대를 출동시키자. 왜냐하면 세균은 빠르게 증식해서 기름이나 오염된 물질을 분해하는 특성이 있잖아. 그래서 하수처리장의 물도 깨끗하게 해 주지. 자, 빨리 세균 부대를 출동시키자!

위급 상황 2 악당 몬스터가 공기를 오염시켜 산소가 부족해 숨을 쉴 수가 없어. 어떤 부대를 출동시키면 될까? 이유도 알려 줄래? 원생생물 부대를 출동시키자. 원생생물은 광합성을 해서 산소를 만들어 내잖아. 원생생물이라면 혼탁해진 공기를 깨끗하게 바꿀 수 있을 거야.

위급 상황 3 몬스터 일당이 땅에 음식물 쓰레기를 가득 뿌려 놓았어. 어떤 부대를 출동시키면 될까? 이유도 알려 줄래? 균류를 출동시키자. 균류는 죽은 생물이나 배설물을 분해하는 청소부 역할을 하잖아. 균류라면 음식물 쓰레기도 분해할 수 있어.

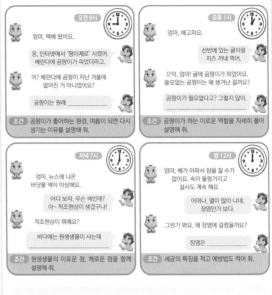

두 가지 상황만 골라 답을 작성해 보세요.

① 오전 9시 : 따뜻하고 축축한 곳을 좋아해. 그래서 건조한 겨울에는 사라진 듯 보이지만 여름이 되어 적절한 환경이 조성되면 다시 생겨나지. 곰팡이를 없애려면 환기를 시켜 습기를 없애고 공기를 시원하게 순환시켜야 해.

② 오후 1시 : 지금 네가 먹고 있는 치즈도 곰팡이로 인해 만들어진 음식인 걸! 곰팡이는 음식을 상하게도 하지만 우리 몸에 좋은 발효식품을 만들기도 해. 또, 곰팡이가 없으면 지구에는 쓰레기가 넘쳐날 거야. 균류는 물질을 분해해 지구 환경을 유지하거든.

③ 저녁 7시 : 번식하기 좋은 환경을 만나면 급격하게 번식을 해. 바닷물이 더러워져 유기양분이 많아지면 원생생물이 급격하게 늘어나 물이 붉게 변하지. 그럼 물고기가 숨을 쉬지 못해 떼죽음을 당하기도 해. 그렇지만 원래 원생생물은 물속에서 다른 생물의 먹이가 되거나 산소를 만들어 생물이 숨 쉬는 데 도움을 주는 생물이야. 그러니 원생생물이 급격히 늘어나지 않도록 환경을 보호해야겠지?

④ 밤 12시 : 장염은 세균에 의해 감염되는데 세균은 물, 공기, 물건 등 어느 곳에나 있어. 오염된 물이나 음식을 먹어서 걸리는 경우도 있고 감염된 사람과 접촉을 해도 걸릴 수 있지. 그러니까 손을 자주 씻어야 해!

MEMO

MEMO